【文庫クセジュ】

お風呂の歴史

ドミニック・ラティ著

高遠弘美訳

白水社

目次

はじめに

汝《な》れ、しばし座りて
炎の色の葡萄酒を呑むがよい
うるわしき巻き毛のヘカメーデー
〔アキレウスに攫われた娘。
のちネストールに愛される〕が
湯を立て、汝れの傷の血を
洗い流してくれるまで
ホメロス『イリアス』第十四歌

入浴は古くからある愉しみである。ディアーヌ・ド・ポワチエ〔アンリ二世の愛人。一四九九〜一五六六年。美貌をうたわれた〕は毎日、冷水で体を洗っていた。ブラントーム〔回想記作者。一五四〇頃〜一六一四年〕が回想録〔『艶婦伝』、一五八〇年前後〕で誉め讃えているその美貌は、こうした衛生習慣と夜明けに馬を走らせる日課によって保たれていたのだ。入浴の愉しみを充分に理解するためには、ギリシア文化の淵源であるホメロス〔生没年は紀元前一二〇〇年頃に遡るとされていたが、最近では前七五〇〜前七〇〇年頃とされるようになった〕の昔に戻らなくてはならない。

遥かなホメロスの時代、温浴と摩擦は、市民生活に節目と活気を与えてくれる幾多の戦争で疲労困憊した体を浄め、癒してくれる手段だった。『イリアス』と『オデュッセイア』は歴史家によると、前八世紀中葉かそのすぐあとの成立とされているが、登場人物たちは海で泳いだり川に飛び込んだり昼餉の前に水を浴びたりしていたのである。水浴はスポーツと同じく、彼らの気晴らしのひとつだった。『イリアス』第十歌で、女神アテナ〔ギリシア神話中最大の女神。学問、戦争などを司る〕に生け贄を捧げるあいだ、オデュッセウスは背中や脚や腿を玉のように流れる汗を、うち寄せる波で洗い流し、桶の水に身を沈めた。

入浴は寛ぎのひとつと考えられていたから、行きずりの客人にも供されることがあった。『オデュッセイア』で、オデュッセウスが島にやってきたとき、キルケーが彼にした歓迎はまさにそれだった。キルケーは水盤に入れた温水を客人の頭と両肩に注ぎ、四肢にたまった旅の疲れを癒そうとする。やはり『オデュッセイア』の第六歌、ナウシカと侍女たちは洗濯を済ませると川に飛び込む。第十七歌ではテレマコスは食卓に赴く前に、伴連れのテオクリュメノスと一緒に、真新しい浴槽に腰を下ろす。古代ギリシアでは、食事の前には必ず手を洗わなくてはならず、また宗教儀式を執り行なうには沐浴が必要とされた。水は浄めの儀礼には欠かせぬ要素であり、そうした儀礼はその後も長く続いた。とはいえ、公衆浴場はまだ存在せず、ホメロスの時代に遡るティリンス〔ギリシアのペロポネソス半島にあるミュケナイ文明の遺跡。一八八四年シュリーマンが発掘した。紀元前十六世紀から数世紀かかって建築された宮殿や城壁跡がある〕の宮殿にかろうじて見られるような個人の浴室があるばかりだった。

入浴施設が歴史にはじめて登場したのは紀元前六世紀である。一世紀後には、富裕層の別荘の大半にトイレや浴槽などの衛生設備が備えられるようになった。しかし、東洋人ならしごく喜ぶ湯浴は、体を懦弱《だじゃく》にするものとして長いあいだ避けられていた。人びとはその代わりに冷水浴をしていたのだ。紀元前四二三年に初演された喜劇『雲』のなかで、アリストファネス〔喜劇詩人。前四四五頃〜前三八五年頃〕は、熱い風呂をこきおろし、冷水浴を奨励する〔作中の「正論」の言葉〕。彼に言わせると、そのほうがずっと男性的だからである。湯は髭を剃るには便利だが、それとて無益なことには変わりないというのが彼の考えだった。入浴は実質的には灌水浴であり、スポーツと密接な関係があった。事実、入浴の歴史は身体鍛錬の歴史と歩調を合わせて始まったのである。紀元前八世紀には宗教的式典や初期の運動競技こそ、ピーサの王オイノマオスの女婿ペロプス〔タンタロスの子。ピーサの王オイノマオスの娘ヒッポダメイアと結婚した。アトレウスの父。オリュムピア競技はそもそもヘラクレスがペロプスの祭壇を築いて始まったとされる。ペロプス自身が創始者と目されることもある〕の墓の回りで催されていたものの、スポーツが真の意味で生活習慣のひとつになったのは紀元前六世紀のことだった。発掘されたこの時代の遺跡は体育競技を取り囲む状況が多様化したことを示している。それと同時に発達したのが衛生学であった。衛生学は市民の健康改善と健康維持を助けるものとして奨励された。それには身体のケアが不可欠だった。

当初は沐浴をする競技者のために、複数の泉水が体を洗う場所として体育場《ギムナシオン》の外に設けられた。紀元前四世紀の最後の二十五年のあいだに作られたデルフォイの体育場《ギムナシオン》の内部の泉水は四方が列柱で仕切られていて、人間の背の高さに合わせた大理石の水盤が十個設《しつら》えられていた。泉水の上部には冷水を吐き出す獅子の口があり、下には円形の水槽があった。格闘技場《パライストラ》でのトレーニングの模様を描いた図像には、体を洗う場面が数多く残されている。運動のあと、青年たちは衣服を木の枝にかけ、水で体を洗った。個人個人の小さな浴槽に湯を入れて体を洗う人びとが現われるようになると、湯浴用の浴室《エチューヴ》や集団用の風呂も登場した。その結果、入浴によって得られるかもしれない治療効果に関する医学的考察も進んだ。古代に書かれた重要な医学論は、入浴の健康的な利用法や重要さ、その詳細や実施の際の細々とした注意などを明かしている。

身体の手入れを怠らず病気から身を守るというのは、何も現代に始まったことではなく、きわめて古い時代からの課題だった。いつの時代でも医師たちは、患者を脅かす病気から患者の身を守ることに心を砕いてきた。治療法が限られていただけに、患者に寄せる気遣いも大きかった。治療不可能な病気がある以上、健康維持に欠かせない体液のバランスを崩さないようにすることが肝要とされた。薬効を当てにできない場合、入浴とマッサージが予防手段に数えられるようになった。その効用は当然ながら、単に病気回復に留まらないだけに大きいものであった。医師たちは入浴とマッサージを、ある種の慢性的欠陥を治療したりあらゆる種類の不摂生を補正したりするために用いた。彼らの努力は、そのようにして身体機能のバランスを取り戻すことに向けられていた。ギリシア語で「健康」を意味する「ト・フギエイノン」に由来する衛生学《イジエーヌ》はそうして完全に治療の分野の一つになったのである。それは食餌療法とともに、医学の諸機能の一つ、ダイエットの働きに関わることになった。衛生学にはマッサージと入浴が含まれていた。それは医療行為や外科手術に先立って行なわれた。

身体に水をかけようと身体を水中に入れようと、それらが全身であれ部分であれ、そこにはつねに入浴《バン》が仄めかされていた。「入浴《バン》」の定義は広く、温泉施設や衛生面のケアまでもが含まれた。ラテン語の「バリネウム」ないし「バルネウム」に由来するこの単語は、複数だと沐浴が行なわれる施設や個人宅で沐浴が行なわれる部屋を、単数だと入浴する水そのもの、あるいは入浴の行為そのものを指した。九世紀末には温泉湯治にも、また、十六世紀には身を沈める浴槽や入浴する場所にもその単語が用いられた。いわゆるシャワー（ドゥーシュ）は古代から存在したが、それが身体を水中に入れる行為を表わす「イメルション」〔体を水に浸すこと〕と区別されるようになったのはずっとのちのことである。単語自体新しく、初出は一五八〇年頃であった。パイプに水を導く「導管」を意味するイタリア語「ドッチア」〔今ではイタリア語でも「シャワー」の意味で用いる。ちなみに英語の「ドゥーシュ」（douche）はフランス語から入った単語だが、特殊な意味を持つことになった〕から変化した語である。

一五八一年〔ラティの原文では一五八〇年〕、モンテーニュは『イタリア旅日記』〔五月七日の項〕でこのイタリア語を用いたが、三年後〔原文では四年後〕には「doulche」という綴りで使っている。そもそもシャワーは十九世紀になってはじめて健康によいと見なされた治療法である。水の出る方向によって、上向きなら「上昇シャワー」、下向きなら「下降シャワー」、横向きなら「側面シャワー」〔仏和辞典には記載がないが、『ロベール仏仏辞典』などには記されている〕とも呼ばれた。それゆえ、「入浴《バン》」という言葉はなるべく広い意味合いで捉える必要がある。治療のためであろうと衛生上の理由からであろうと、「入浴」の方法はさまざまだった。灌水浴は冷水か温水を体にかけるもので、ギリシアでは奴隷の手を借りないもっと簡略な、カトリックの聖水撒布に似た方法が採られた。だが同時に、身体の一部分に限定して、そこだけに集中する「入浴」もあった。それは「局所的《トピック》」と言われたが、その形容語は十六世紀になって、ギリシア語「トピコス」のもつ医学的意味を付与されたのだった。

個人的なものであれ公衆のものであれ、治療用であれ衛生面からであれ、沐浴の歴史を辿ると、人間の考え方が非可逆的に進んでいることが明確になる。健康の長期化の過程や人間の定住化に対する考察、増大する幸福主義、生活レベルの向上——それらが相俟って、徐々に温泉療法という強力な仕組みに変貌していったのである。

第一章　古代

古代ギリシアでは気晴らしの一種だった入浴は古典時代に入って紀元前五世紀になると、薬理学の範疇に入った。医師は期待しうる効果によってさまざまに入浴を用いた。鍛錬のためには冷水、疲れを癒すためには湯というように。患者の年齢、性別、体質に応じて最適と思われる入浴が採用され、マッサージがそれを補完した。マッサージには、布を使って乾いたままでする方式と油を塗ってからする方法とがあった。水の効力は時代を超えて誰からも認められていた。ミネルヴァ〔ギリシア神話のアテナ。智慧や武勇の女神〕やウルカヌス〔火と鍛冶の神〕の力も温泉があればこそ。ヘラクレスはテルモピュライの温泉から力の源を汲んでいたのだ〔補足しておこう。ヘラクレスは火葬壇で焼かれて死んだという説が一般的だが、異説として、太陽の熱に苦しんだヘラクレスが小川に飛び込んで死んだというものがある。その水がテルモピュライの温泉となったという〕。治癒を願う病人は、効能に満ちた鉱水が湧き出すところならテッサリアでもアジアでもどこでもためらわず長旅を覚悟した。

I　ギリシア世界における入浴とマッサージ

しかしながら、水の役割はそうした治療の面に限られていたわけではなかった。ギリシアの入浴は熱を抑える一方で、体を温めるものだったから、運動競技の前には欠かせなかった。子どもたちは学校に行く前、朝早くから格闘技場《パライストラ》に出かけて運動をし、風呂を浴びるのがつねだった。このような健康法はトレーニングの基本であり、同時にトレーニングから必然的に生じたものである。ギリシア世界の灌水浴はヘレニズム文明の末期になると、体育の衰頽に伴い、水治療法に姿を変えた。もともと簡単な囲いがあるだけの、闘技士用の単なる砂場だった格闘技場《パライストラ》がその頃からまさしく体育場《ギムナシオン》になった。人文教育と身体トレーニングの場としての体育場《ギムナシオン》には、更衣室や看護室や浴室、ときには屋外プールまで備わっていた。そうした設備は公共浴場ではいっそう洗練されていった。それらは最初は体育に関わっていたものの、ローマ時代にはたちまち快楽の場所と化した。とはいえ、人びとが通いすぎたせいで、そうした場所も間をおかず終焉を迎えることになった。

ヒポクラテス

古代最初の衛生学者ヒポクラテスは紀元前四六〇年頃コス島に生まれ、ギリシアのテッサリア地方などに住んだ。テッサリア地方は、ギリシアの医術一族アスクレピアダイ〔医術の神アスクレピウスの子孫と称する一族。コス島に住んだことから「コス学派」と言われた。ヒポクラテスもこの一族の出自〕の故郷と目される。ヒポクラテスは紀元前三七七年頃〔三七五年頃とも〕同地で一生を終えた。自然の力を重要視していた彼は、衛生学を治療目的で用いただけでなく、その力を予防医学の面にも応用すべく努力を重ねた。彼の手法は穏やかで、身体の運動に節食をはじめとする摂生を結びつけたものである。だが『食養生』の著者でもあるヒポクラテスは〔七十の著作を集めた『ヒポクラテス集成』がある〕、処方の研究をさらに推し進める前に人間の本性の分析を行ない、それが四種の体液からなる生理的綜合体であるという結論に達した。すなわち、血液、粘液、黄胆汁、黒胆汁である。万人が尊ぶ健康は四種の体液のバランスいかんに左右される。それが彼の考えだった。彼の著作では、入浴は薬理学に関係するものとして述べられている。ヒポクラテスは個人が風呂を設置することには反対だった。入浴には偶然の要素が多いだけに確実な効果が期待できないというのだ。

入浴は湿り気をもたらす特性から言って、人体組織内の調和に一役買っていた。病気による変調とは逆の結果を引き出すことで治療に結びつけることも可能だった。病気は身体が熱くなったり冷たくなったりすることで起こった。それゆえ、逆の反応を引き起こせば病気を抑制する効果がありうるというわけである。ヒポクラテスは入浴療法の使い方を定めている。湯は炭火で別に沸かさなくてはならない。浴槽は病人にも入りやすいものにする必要がある。症状によって全身か部分かは異なるが、病人の身体に水か湯をかける。と同時に、泥膏を用いて肌をきれいにする。再びざっと水（湯）をかけてスポンジで拭き取る。まだ潤いが残っている体に油を附けてこする。こんな具合だ。ヒポクラテスは入浴を、個々の特質によって分類した。全体としては、潤いを与え活力を取り戻させる働きがあるとして、冬よりも夏の入浴を勧めた。塩水の入浴は筋肉を温める代わりに、肉体を疲弊させる。湯浴は体を弛緩させ、冷水浴は体を引き締める。いずれにしても過度の入浴は本来の目的を損なう危険を伴う。

　ヒポクラテスは、頭の病気など、ある種のはっきりした症例には、湯浴を処方した。湯の熱は偏頭痛を鎮め、熱い蒸気は耳の病を和らげる。湯浴はまた、発熱、軽度の肥満、頸部の痛み、痙攣、捻挫、喉の嗄れ、便秘、破傷風に効く。肺炎には全身か部分かの蒸気浴が有効である、というように。筋肉は温度によって弛緩したり強化されたりする。冷たいと筋肉繊維は収縮するが、灌水をやめればすぐに温まる。熱いと弛緩するが、全身の寒けを呼び起こしかねない。ギリシアの医師は皆、健常人には冷水浴を、ある種の病人や怪我人には湯浴を勧めた。

浸身浴《イメルシヨン》〔身を浸す入浴を仮にこう呼ぶ〕の回数は定まってはいなかったが、日に二度であれ三度であれ、静かな場所で行なうことが求められた。入浴が必要と判断された場合はまず、患者が休息と温水によってどの程度癒されるかを考慮しなくてはならなかった。入浴が禁じられたのは患者が衰弱状態にあるときだけである。ヒポクラテスは、子どもにはふくよかさと血色を増すため長い湯浴を勧めたが、女性にはごく限られた場合しか認めなかった。女性は一般的に認められているように、潤いがあり柔らかく冷たいという肉体的性質をもっているので、飲物を制限する摂生療法を用いてそうした性質を補わなくてはならなかった。プラトンは臨床医ではなかったが、衛生学に通じていたから、肉体が脆くなっている老人と労働に疲れた農民だけに湯浴を勧め、年若い者たちや健康な人びとには冷水を浴びることを奨励した。冷水はスポーツによって鍛えられた肉体をいっそう強くし、精神を逞しくするとされたからである。

カリストのディオクレス

カリストのディオクレスは紀元前三七五年頃に生まれ、ヒポクラテスの衣鉢を継ぎ「小ヒポクラテス」と呼ばれた。「健康的な摂生について」という論文で、彼はアテネ市民に次のような健康法を勧めた。朝起きたとき、枕のせいで硬くなった頸部を擦って柔らかくする。油を塗って全身をマッサージしてから、十スタディオン〔約一・八キロメートル〕歩く。これを毎日必ず続ければ、昼食後の日課である運動の時間まで効果的に仕事をすることができるようになる。それから体育場《ギムナシオン》にゆき、運動に励んでから冷水浴をする。さすれば食欲は増し、消化も容易になって、喉の渇きも癒される。体はより強靭で頑健になるのだ。ディオクレスは年輩者には湯浴を、若い人たちには強いマッサージを推奨した。そもそも健康法の一環として課されるマッサージは、運動前の身体を整えるとともに、筋肉をほぐし、運動後の疲労を解消した。体育場《ギムナシオン》の教師たちは砂を全身に附けていたが、それは皮膚の毛穴を閉じることで、過剰発汗という有害な作用を軽減し、体を保護するためであった。砂や油を用いることで入浴効果は促進され、体を洗うときにも役に立った。

入浴のあと、人びとは体を洗った。硝石の粉末、それに灰と石灰を主成分にした洗剤がそのために使われた。それが済むと冷水を噴水のようにかけて流し、油を塗った。朝、学校での勉強をする前に、しばしば格闘技場《パライストラ》に出かけた子どもたちは、運動のあと入浴した。身体の鍛錬と健康法は学校教育のみならず、都市国家スパルタにあっては兵士の訓練にも欠かせぬものであった。紀元前七世紀以降ひときわ隆盛を迎えたこの軍事国家では、ホメロスの時代のような教育が続けられていた。すべては、国家および軍事に奉仕すべき肉体を頑健にするためだった。身繕いは冷水で行なわれたが、ときには蒸気浴をする場合もあった。蒸気浴は紀元前六世紀にスパルタでも知られるようになった。訓練の前に筋肉を温めるために用いられたが、その設備を備えている施設はほとんどなかった。ギリシアの入浴法は実際、数世紀という時間をかけて広がっていったのである。

ギリシアにおける沐浴

ギリシアにおいて沐浴とは、手や足といった部分洗浄、全身にわたる灌注《アフュジョン》（本来、温水か冷水を患部にかける水治療法の一つだが、ここではもうすこし広い意味合い、すなわち「灌水浴」に近い意味でも使われている。類似の単語を区別するため訳語はこれに統一する）、灌水浴《バン・ドゥーシュ》、浸身浴《イメルシヨン》を指した。紀元前八世紀と七世紀の人びとは、公共の泉水の噴水口の下で沐浴を行なった。それは古代の灌水浴に相当するものだった。この時期の発掘品のなかには、戸外で浴びるシャワーについて雄弁に物語っているものがある。そこには子どもと女性が肩と頭部に水を受けながら、みずからは胸に水をかけている様子が描かれている。水盤附きの噴水は女性たちの集う場であり、家庭での使用に限られていた。水を汲むことのできる受水盤のない泉水はもっぱら沐浴に用いられた。沐浴は素早く行なわれた。赤く彩色されたアッティカの陶器の絵には、泉で水を浴びる様子はもはや描かれない。もちろんその習俗が絶えたわけではなかったろうが、壺に描かれるのはしだいに、高足の水盤の傍らで立ったまま水を浴びる女たちの姿になってゆく。女たちは奴隷の手を借りながら体を洗い、闘技者たちは膝までの高さの桶で身を浄めた。時代は変わったのだ。家々には浴室がしつらえられ、町には共同浴場が造られるようになる。さりながら、丈の短い桶での浸身浴《イメルション》はひとえに病人だけのものであった。

紀元前六世紀までは、腰掛けて入ることのできる深くて大きな浴槽があった。メネラーオス〔スパルタ王。トロイア戦争の原因となったヘレネーの夫。アガメムノーンの弟。『オデュッセイア』によれば、トロイア戦争後、嵐のために船がエジプトに漂着。そこで巨万の富を得た〕がエジプトから持ち帰ったような黄金の浴槽もあれば、クレタ島の宮殿にあった石棺風のものも見られた。古代に使われたそうした浴槽は時を経ずして短く浅い浴槽に変わった。ギリシアにおいて肉体とは何より運動競技に適したものでなくてはならなかった。懦弱《だじゃく》を排する厳格な風俗ゆえである。当時の浴槽はおおむね長さ百二十センチメートル、幅五十センチメートル、深さ二十センチメートルだった。前には排水用の穴。後ろがやや狭まり、ときとして前方に丸く弧を描く中仕切りがあった。底面は排水の便を考えて傾斜していた。なかには椅子が置かれ、人びとは足だけ水に浸かりながら腰掛けることができた。体を洗うには壺から水を汲む必要があったが、それは体が汚水に浸からないだけに、清潔さを保つ最良に近い方法だった。とはいえ、この浴槽が使われたのはたいていの場合、医療用か疲れを癒すためであった。要するに、こんにちの座浴用浴槽と言えばいいだろうか。その使用は日常的ではなく特別な場合に限られていた。

個人の住宅の浴槽もこれと大差なく、やはり長方形で、屋内の地面に固定され、後ろがやや幅広で丸い背もたれが附いている点こそ違っていたが、腰掛けや前方の排水孔は同じだった。だが、長方形の浴槽はだんだん円形か楕円形に変わっていった。流した水を貯めやすくするためである。それは底の平らな桶に似ていた。紀元前五世紀にその形の浴槽が普及したことは、ギリシア人がいかに灌注を好んだかの証拠と言っていい。灌注は古代ギリシア文明にとって、身体の清潔を保つための入浴法にほかならなかった。戦士や闘技者が沐浴をしている図像は数多い。アッティカの陶器には、さらに、肌かき器《ストリジル》〔入浴・運動後に使った一種の垢すり〕や雪花石膏《アラバスター》や海綿も描かれている。肌かき器《ストリジル》は、それが格闘技場《パライストラ》の場面であることの何よりの証左である。肌かき器《ストリジル》は運動家が身を守るために体に附けた砂や粉塵を擦り落とす彎曲した器具。雪花石膏《アラバスター》は香り附けに、海綿は本来の灌注のために用いられた。紀元前五世紀に描かれた図像では、こうした沐浴をする人びとはふくらはぎの半分くらいまで水に浸して、しゃがむか立つかしていた。底が平らでゆったりしたそれらの桶は、家庭では地面に直接か、石を少しだけ積んだ上に置かれ、手足の洗浄、洗髪、全身洗浄に使われたが、ときには子どもたちの入浴に用いられることもあった。女性の美容が重要視されていたことは、日々の化粧の習慣でわかる。格闘技場《パライストラ》の場面が男性の沐浴を表現している一方で、室内の場面では、しゃがんで髪をととのえる女性たちの様子が描かれていた。

手足などの部分浴にギリシア人が使ったのはもっと小さな盥である。三本の脚が附いているものも、着脱可能の三脚台の上に載せて使うものもあった。持ち運びに便利なように把手が附いていた。どの時代でもそうであるように、風呂にかかる費用はなるべく抑えたい、しかし、できうる限り広範囲で使いたいという人びとの欲求に応えるため、盥はさらに扱いやすい形に変化してゆく。水が一杯入った容器を持ち上げる縦の柄と、空の場合に動かしやすい横の把手が二つずつ附いていた。盥は浴槽より安価なので、さまざまに用いられた。一般的に言えば、戦士や闘技者用であったが、闘技者はまた、何人もが体を洗うことができるような高足の水盤も使っていた。それは部屋の中央の、下部が広がったラッパ型の円形の台の上に置かれた。高さは腰の辺りで、泉とは独立した状態でたくさんの水を入れることができた。周囲を囲む壁はなく、共同浴場や個人宅に備えられた。形は円形か楕円形の、こうした水盤は紀元前五世紀に普及し、女性や闘技者の灌注に使われた。さらに、中央浴場《ルートロン》〔「浴室、浴場」を意味するギリシア語。円形の一種の風呂〕は日常的な健康手段として、体全体の洗浄も可能にした。もはやわざわざ泉に赴かなくても、格闘技場《パライストラ》や自宅で体を洗うことができるようになったのである。かくして紀元前四世紀末には、体育場《ギムナシオン》の普及と相俟って、個人の入浴はますます容易になった。

紀元前五世紀と四世紀には、軽金属でできた扱いやすい、無脚のゆったりとした桶もあった。人びとはそこで食事の前に手を洗った。水は疲れを癒すものではなく、衛生法と同義だったから、厳密な意味での浸身浴《イメルシヨン》は稀だった。紀元前四世紀になると、盥は大きくなり、噴水口から直接水を入れるようになった。形も長方形の深いものに変わり、壁に接して置かれ、集団ではなく個人の用に供された。以後、人びとは青天井の中央浴場《ルートロン》の周りではなく、体育場《ギムナシオン》の内部で、個々の鉢を使って体を洗った。体育のトレーニングや塗擦〔油を塗って摩擦すること〕の普及とともに、体を温める習慣が一般化した。効率よく体を洗うことができる湯浴を容易にするために、座浴用の浴槽が再び登場した。それとともに、湯浴のための施設「湯浴場《エチューヴ》」〔「エチューヴ」は「発汗室」「浴場」の意味だが、古義として「湯浴のための部屋や施設」があった。この部分では古義に従い、造語として訳した。「発汗室」とした箇所もある〕が登場した。石を削って作られた浴槽は古代と相似た形状で、なかに椅子があり、底は傾斜が附けられていた。枘《ほぞ》穴のある煉瓦で作られることもあった。とはいえ、浸身浴《イメルシヨン》が中心となったのではなく、灌水浴《バン・ドゥーシュ》のほうが盛んだった。たとえばデルフォイのように、紀元前四世紀の最後の四半世紀には、大浴槽《ピシーヌ》を備えた体育場《ギムナシオン》がいくつか誕生した。デルフォイの場合は、直径十メートル。石灰岩で作られ、化粧漆喰《スタッコ》を施されたうえで、しっかり固められた。腰掛けての浸身浴《イメルシヨン》を容易にするため、内部には階段も附けられた。深さは百九十センチメートルに達した。共同浴場が広まったのも紀元前四世紀である。それはしばしば格闘技場《パライストラ》のすぐ近くに設けられた。紀元前六世紀までは高足の水盤があるだけの簡単なものだったが、その後各種の工夫がなされてゆく。客足が増えたこともあり、四世紀以降、ヘレニズム時代〔アレクサンドロス大王の死からローマのエジプト征服に至る時代。前三二三〜前三〇年〕を通じて、共同浴場には壁に沿って長方形の桶が並べられ、流水が注がれていた。アテネの市民は毎日運動をする習慣があったが、そうした規則正しさはヘレニズム文明にも引き継がれた。共同浴場は格闘技場《パライストラ》には欠かせぬ附属施設となる。大都市で共同浴場のないところはなかった。岩を削って作られることもあったが、ともかく、シラクサのようにテラコッタ製かアテネのごとく石製かは別にして、底の平らな桶が必ず備えつけられた。のみならず、たいていの場合は治療のための入浴をさせる目的で、石か煉瓦でこしらえた深い浴槽や高いところに置かれた洗い桶も用意されていた。競技者は桶でシャワーをつかい、洗い桶で灌注や身体の部分洗浄をし、浴槽か大浴槽でほとんど腰を下ろして水に浸かった。底の平らな桶は壁に沿って、あるいは当時けっして珍しくなかった円形の部屋なら円環状に並べられた。壁の上方には衣服を置くための壁龕《ニッチ》が空けられた。

プリエーネ〔小アジア・イオニアの古代都市〕の体育場《ギムナシオン》では、紀元前二世紀以降のものとされる冷水浴場が発見された。その設備は紀元前五世紀のほとんどの格闘技場《パライストラ》の場合と同じく簡素なものであった。それゆえギリシアの初期の共同浴場の一典型だと言えるだろう。肘の高さに据えられた長い鉢の上から獅子の口を通して冷水が落ちる仕掛けである。その鉢は複数の競技者が同時に素早く体を洗うことのできる洗面台としても機能した。だが、ある種の衛生設備ははるかに快適で、しかも温められていた。ゴルティスにはすでに、温風を運ぶ地下の通路、なかにいる人間を温める壁、冷水浴の前に発汗させるための、上に開口部のある丸天井の発汗室《エチューヴ》があった。かつての大浴槽に火室が設置され、火床は断熱性の軽石でできた板石や舗石で覆われていた。そうした設備のお蔭で、入浴者は裸足で歩き回ることができた。この時代、床下暖房は一続きではなく、平行して走る分岐管で各部屋に暖気を運ぶ方式だった。マルセーユにある紀元前三世紀のギリシア式共同浴場をみれば、このフォカイア〔古代ギリシア・イオニアの港町。マルセーユはその都市の植民地だった。転じてマルセーユのことも言う〕の町を支配したヘレニズム文明の何たるかが理解できるだろう。そこには桶がずらりと並んだ大きな円形の部屋があり、入浴者たちは施設の従業員に水をかけてもらう。発汗室《エチューヴ》に行ったり湯の入った盥を使ったりするのはそのあとだった。

入浴はギリシアにおいて、運動の補足という意味では灌水浴であったが、健康法の補完という点では浴槽に結びついていた。もともと、シャワーは公共の泉でつかうものだった。古代では、沐浴は体育場《ギムナシオン》の外に置かれた高足の丸い水盤を使って行なわれた。個別の部屋で流水を用いるようになったのは紀元前四世紀以後のことで、そこに備えられたのは、長方形の盥、手足の洗浄に使う、膝の高さに置かれた浅めの洗い桶、固定されるか中央の台に載せられるかした把手のない深めの桶、柄の附いた大きめの鉢などである。ヘレニズム時代には、浴槽は稀になり、桶がシャワーや灌注の際の水受けとして用いられた。以前より頻繁にみられるようになった浸身浴《イメルシヨン》は大浴槽でなされた。暖房設備が普及し、身体運動（そこでは塗擦が欠かせなかった）がますます盛んになるにつれて、発汗室《エチューヴ》の本格的導入が始まった。トレーニングのあとには分離治療《アポテラピー》と呼ばれるマッサージが行なわれ、リラックス効果はさらに増した。競技者は最初に自分で準備をしてから入浴した。湯浴のあとは必ず冷水浴と決まっていた。発汗室《エチューヴ》に入るのは湯による沐浴の前か後だった。

紀元前五世紀末以降、こうした健康管理に関わる部屋は以前より独立性を高め、モザイクで装飾されただけでなく、床の防水処理もきちんとなされるようになった。入浴の何たるかをまともに話せるようになるのはこの時期以後である。ヘレニズム文明において入浴とは最後まで健康法の一つであった。ギリシア人は先人たちの慣習に気を配っていた。ヘロドトス〔『歴史』の著者。前四八五頃～前四二五年頃〕はスキタイ人の風習について記している。それによれば、スキタイ人は顔は洗うが、湯浴はせずもっぱら蒸気浴を好んだ。入浴に関する学問は紀元前五世紀に発展する。以前は入浴と言えばむしろ、海や川での水浴や飛び込みを想起させたのである。屋外や中央浴場《ルートロン》で行なう沐浴は人びとの出会いの場であると同時に、宗教的儀式の場でもあった。たとえば葬儀の場合なら、遺体を焼く前に洗って浄めることが望ましいとされた。市民生活のさまざまな儀礼でも入浴を伴う場合が少なくなかった。花嫁は純潔と豊饒の意味を込めて、婚礼の前に入浴した。健康法や浄化の一環としての入浴は神話でもしばしば言及されている。ローマ文明のもとでは、ギリシア時代には例外的だったものが一般化した。

ローマでは、トレーニングのあとに体を洗うことはもはや重視されなくなった。大切なのは清潔よりリラックスに結びつく入浴法だった。ギリシア時代、入浴は短時間で済ますべきものであり、湯浴の濫用は概して否定されていた。紀元前六世紀でも入浴の愉悦を享受していたシュバリス〔古代ギリシアの都市。

前五一〇年滅亡。贅沢と遊蕩で知られた」の町は懦弱《だじゃく》ぶりを非難され、「シュバリス風の」という形容語は奢侈《しゃし》と洗練を求める享楽的な人を指す言葉になったほどである。その逆に、ローマでは、入浴はレジャーの一部であった。入浴は遊興の一つとして、レジャーの範囲を大きく拡げたのだ。

II　ローマ世界における入浴の大発展

アテネのいわば騎士道的教育に対して、ローマの教育は子どもに未来の市民としての義務を理解させることを目的とした、より知的なものだった。目的がはっきりしたそうした「成形」は生まれたときから意識された。新生児は柔らかな蜜蠟さながら、時代が要求する規範に合う、美的な体型になるように扱われた。時代は毅然たることを理想としていた。生まれてくる子どもたちは以後、国家および集団的価値観に従うべく、有用性を基準に判断されるようになる。その有用性は温泉などを利用した健康法によって保たれた。身体運動は単に筋肉を温めるためだけのものであり、入浴の附属物と化した。ローマの格闘技場《パライストラ》は共同浴場の附帯施設に過ぎず、体育場《ギムナシオン》は散策の庭でしかなかった。ローマ人は裸体を恥ずべきものと考えていた。他方、君主に忠誠を尽くさなくてはならなかったので、運動をする充分な時間がなかったのだ。

スポーツが軽視されるぶん、入浴がめざましい発達を遂げた。それは今日《こんにち》以上だと言っていい。水の愉しみはローマ人の一日を締めくくるものとなった。入浴によって一日の仕事は無事終わりを告げ、入浴によって一日の仕事が始まった。二世紀前半、トラヤヌス帝〔在位九八〜一一七年〕とハドリアヌス帝〔在位一一七〜一三八年〕の治下、ローマで活躍したエフェソス〔トルコ・小アジア半島のギリシアの古代都市〕の文献学者・婦人科医ソラノスは、体を丈夫にするために、産着を着せる前に、スキタイ人の風習に倣って新生児の体を冷水に沈めるよう乳母に奨励している。産着は微温湯《ぬるまゆ》による沐浴のため毎日脱がされた。とはいえ、小児の柔らかな肉体を軟弱にする可能性のある入浴は、短時間で済ませなくてはならなかった。

雨後の筍のように増え続けた湯治施設は、まさに多様な用途に対応していた。入浴、マッサージ、整髪、脱毛のほか、球技その他の遊びなどである。運動によって筋肉を温めていたそれまでのやり方に代わって、やがては湯浴して筋肉を温めるようになった。流水をすばやくシャワーのように振りかけていたヘレニズム時代の習慣はすたれ、ゆっくりと身を沈めるローマ式入浴が広がったのだ。格闘技場《パライストラ》は公共の遊戯施設に変貌する。日中仕事に励み、引き締まった体を堅持していたローマ人は夜になると、身体運動ではなく、宴と入浴で疲れを癒した。入浴は一種のご馳走で、客人は到着すると風呂を使わせてもらうことも可能だった。湯を使う入浴は清潔さを保つ行為であると同時に、愉しい宴《コンヴィヴィアリテ》の同義語にほかならなかった。富裕層の私邸《ドムス》〔ラテン語で「家」「邸宅」〕には、床が温められた沐浴可能な部屋が複数あった。そこには公共施設のように、脱衣場、湯浴と冷水浴、暖かくした部屋（それは待合室の役も果たした）、屋外プール、運動用の敷地などが揃っていたが、かような設備には莫大な費用がかかるため、すべての私邸でそうだったわけではない。大多数の住民の欲求に応えるために共同浴場が造られたのも納得がゆく。さりながら、共同浴場が一般に広く普及するにはまだ若干の時日が必要だった。

水泳や冷水浴を愛したセネカは、九日に一回の市の日しか浴場に行かない同時代の人びとを非難した。セネカの生きた一世紀、入浴施設はまだ数が少なかった。ヴェゾン・ラ・ロメーヌ〔ローマの植民都市。現在のフランスの南東部〕の施設が好例だが、全体に質素で、しかし、冷水浴、微温湯浴《テイエード》、湯浴の部屋、プール、スポーツ専用の格闘技場《パライストラ》は設えられていた。そこから順次、サウナやマッサージ室、図書館などの附帯施設が造られて立派になっていったのである。入浴施設が増えてゆくに従い、ローマ人は昼食後、毎日そこに通って、穏やかな無為のときを過ごしたりリラックスしたり、会話を愉しんだり有益な関係を結んだりした。このような社会習慣は医師の勧めに従ったものだった。医師たちは人びとがしだいに家に閉じこもりがちになるのを心配していたのだ。入浴と運動、マッサージと健康的な食餌療法、これが望ましい生活態度とされたが、それはまた、一般に運動が毛嫌いされたことの埋め合わせになっていた。

共同浴場は、ヘレニズム文明が発展を遂げた紀元前三世紀に至るまでは簡素だったが、紀元前二世紀なかばに一気に広がった。もっとも一世紀中葉までは男性専用だった。それには「バリネアエ」と呼ばれる個人経営の小さなものから、国家の管理する大規模な「テルマエ」と言われたものまでが含まれた。それが豪奢なものになるには、皇帝カラカラ〔在位二一一〜二一七年。奢侈と残忍で知られる。東方遠征の途次暗殺された〕が二一七年にローマに建設した大浴場を待たなくてはならない。その広さは三・五ヘクタールあり、大浴槽は現代のオリンピックの競泳プールより大きいものであった。それは当時の必要を満たす建築の完璧な技法に基づいて造られていた。あらゆる衛生施設に共通するその建築の特徴を挙げれば、熱をうまく分散するための筒型穹窿《バレル・ヴォールト》、仕切壁のなかに温風を入れ、床下に暖気をまわすための配管（テラコッタか鉛の管）を施した壁などである。そうした改良が加えられたのは一世紀以降のことになる。古代ローマでは、清潔の観念はつねに、日常の健康法に結びついていた。人びとは毎日手足を洗い、テヴェレ川の水に浸かった。なかには、台所に隣接した沐浴用の「ラウァトリーナ」と呼ばれる浴室を備えた家もあった。「ウィラエ・ウルビナエ」、すなわち田舎の家（別荘）や農園には、概して浴室が附いていた。それには裕福な主人の慰安のためのものと使用人用のものとがあった。使用人用の浴室は質素で、発汗室《エチューヴ》が附属している場合もあったが、たいていは冷水のシャワー室に過ぎなかった。それに対して、主人用の浴室には共同浴場を真似て造られた贅沢なものさえあった。

一口《ひとくち》に共同浴場と言っても、公営私営の二種類が存在した。公営は国家の管理、私営は裕福な実業家の経営によるものだった。私営の共同浴場は有利な投資であり、そこから上がる実入りは子どもたちに引き継がれることもあった。質素な設備ながら、厳選された客たちは芋を洗うような混雑を逃れ、ゆったりと過ごすことができた。一方、増え続ける民衆客たちはもっと広い共同浴場に足を向けた。公営私営を問わず、共同浴場には厳格な規則が定められていた。流行っている公営の浴場は、賃貸契約を交わして借りることができた。所有権は国家が持っていた。契約期間が切れると、調度や備品を返還し、ボイラーを洗浄して、薪を使用した証拠を示さなくてはならなかった。規定には契約違反を想定した条項も含まれている。一方、共同浴場は地元警察の厳しい監察のもとに置かれ、とくに定刻どおりに運営されているかをチェックされた。一日の第八時、つまり正午頃に開場し、日が暮れると閉場する決まりだったが、発掘されたいくつかの遺跡から燈火の痕跡が見られることから、夜遅くでも賑わっていた可能性は残されている。

皇帝をはじめ特定の個人の施し〔古代ローマでは皇帝や貴族の施しで、劇や食糧が無料になることがあった〕で一日無料になったり、何らかのスポンサーが附いたりした場合は別として、料金は各自が自腹で支払った。男性の入場料は一クォドランス〔四分の一アス＝三オンス青銅貨に相当〕、子どもは無料、女性はもっと高かった。ローマ式のやり方がそのまま近隣の属州で通用したわけではない。ローマの料金体系はずいぶん安かった。共同浴場というものにかかる費用からすれば、経営母体の国家や個人が費用の相応分を負担していたと考えるのが妥当であろう。それもローマ帝国において、こうしたレジャー施設が大成功を収めていたからであり、他の理由は思いつかない。歴史上空前絶後というべきで、現代でもそれに比肩するものはない。何しろローマの共同浴場では、知的能力と身体能力をひとしく高めることができた。つまり、孤独な読書と集団でのスポーツが同時に可能だったのである。

ローマ帝国において入浴は、しだいに制度化し、皆が喜ぶ愉しみとなった。共同浴場も数が増え、巧みに洗練さが加わるなかで、まさに温泉村と呼ぶにふさわしいものになってゆく。アグリッパ〔前六三頃〜前一二年。ローマの将軍。パンテオンをはじめ土木事業を多く行なった〕は紀元前三三年にみずからの入浴施設を造る。当時のローマには百七十の共同浴場しかなかった。その後、ネロ〔在位五四〜六八年〕、ティトゥス〔同七九〜八一年〕、ドミティアヌス〔八一〜九六年〕、トラヤヌス〔九八〜一一七年〕、カラカラ〔二一一〜二一七年〕、ディオクレティアヌス〔二八四〜三〇五年〕、コンスタンティヌス〔三〇七〜三三七年〕といった皇帝がそれぞれに、治世の刻印でもあるかのように、人びとの慰安のための施設（それは同時に彼らの権力を維持するためのものでもあった）を建設したのである。カラカラの共同浴場は、昼夜営業で千人を超える入浴客を迎えることができたが、ディオクレティアヌスの浴場は三千二百人の収容能力を誇った。プールあり滝あり種々の泉水ありで、そうしたすべての施設に水を供給するために水道橋が造られた。トラヤヌス帝の治下、ローマでは、一日あたり三百万立方メートルの水が、九個の水道橋を経由して供給された。一人あたりで換算すると、現代の私たちが使うよりはるかに多い。二世紀のニーム〔南仏の町。アヴィニョンとのあいだにローマ時代の水道橋ポン・デュ・ガールがある〕には、ほぼ今日《こんにち》と同量の一日二万立方メートルの水が届けられた。人びとはほんのわずかな料金で入浴し、贅沢な施設を満喫した。散策してもよかったし、そのために造られた運動場で汗を流すこともできたのだ。オリンピアの遺跡を発掘してわかったのは、古代の共同浴場が七世紀にわたってどのような変貌を遂げたかということである。冷水の大浴槽と初期の座浴用浴槽に蒸気浴の部屋が加わり、やがては考えられる限りのさまざまな設備が設えられていった。

施設と利用法

ローマ人の入浴は施設ごとに基本的部分が異なっていたから、自然と多様なものになった。入浴者はまず発汗室《エチューヴ》に入る。金属製の焜炉で適度に暖められているが、温度そのものは丸天井のカーブの形状によって差があった。椅子の上に腰掛けて、発汗するのに任せ、体を熱さになじませる。そこでマッサージや塗油をしてもらうこともできた。次は湯浴の部屋。個人用の浴槽もあれば何人もで入る浴槽もあり、泉水やときとしてプールも設えられていた。最後が冷水浴である。高温と低温に交互に慣れる必要があったから、冷水浴は湯浴やスポーツや日光浴で体が温まったあとと決まっていた。

共同浴場が洗練の度合いを深めるにつれて、四種の風呂を経めぐる完璧な入浴という概念が生まれ、それぞれに専用の浴室があてがわれるようになる。脱衣が済むと、最初が発汗室《エチューヴ》だ。そこで衣類や携帯品を預けてもよい。「アポディテリウム〔もともとギリシア語アポデュトリオン。「風呂に入る前、衣類や携帯品を預ける場所」の意〕」と呼ばれる特別な部屋がクローク代わりに用いられることもあった。壁龕に置かれた衣服は奴隷が見張った。それほど盗難が多かったのだ。現行犯はソロン〔ギリシア七賢人の一人。アテナイの立法者。前七世紀〜前六世紀〕の定めた律法により死罪に処せられた。

発汗室《エチューヴ》は、蒸気で湿った部屋なら「テペダリウム」〔「温浴室」〕、乾燥した部屋なら「スダトリウム」〔「発汗室」〕か「ラコニクム」〔ギリシア南部の「ラコニア風の」の意〕と言われた。さまざまな温度を体感できるように階段席状になっている場合もあった。熱した砂利を撒くことで空気が湿る。トラヤヌス帝治下の医師ヘロドトゥスはその方法を強く勧めている。黒海北方のステップに住んでいたスキタイ人はよく大麻の種を燃やして用意した蒸し風呂に入った。発汗室《エチューヴ》は丸天井で覆われていたが、換気や部屋の温度調節のために、天井の穴をふさぐ銅の円盤の蓋には鎖が附いていて、利用客がみずから、簡単に高さの調節や開閉ができるようになっていた。発汗室《エチューヴ》が一般的になったのはアグリッパ〔ローマの政治家・将軍。前六三頃〜前一二年〕の力によるところが大きい。当時のローマでは過食が広く行なわれていたので、発汗によってその弊を正すことができるとされたのである。と同時に、冷水浴は必ずついてまわった。

次に入るのは湯浴の部屋で「ケラ・カルダリア」ないし「カルダリウム」〔「熱い部屋」が原義。「発汗室」「ボイラー」「湯浴室」の意で用いられた〕と呼ばれた。幅二、長さ三の比率の長方形で、中央には冷たい噴水用の穴が穿たれていた。「カルダリウム」にはただ一つの浴槽しかない場合もあれば、容量に応じて何種類もの大きさの浴槽が備えつけられていることもあった。水泳ができるほどの浴槽「カリダ・ピシーナ」〔「熱湯のプール」〕や一人で入る「ソリウム」〔「玉座」「湯桶」「浴室」を表わした〕、最も数の多い、集団入浴用の「ラブルム」〔「大きな壺」「浴槽」の意〕などである。「ラブルム」は浅底で、縁が広く座浴が可能だった。三番目は冷水浴用の「ケラ・フリギダリア」ないし「フリギダリウム」〔「涼しくする部屋」が原義〕。暗く小振りな部屋で、高い仕切壁の上は外に開かれた丸天井に繋がっていた。

冷水浴のあと、体を拭いてもらい、塗油を施された客は「デストリクタリウム」〔「入浴後、肌かき器《ストリジル》で体を擦る部屋」〕もしくは「ウンクタリウム」〔塗油やマッサージをしてもらう部屋〕で、さもなくば発汗室《エチューヴ》に戻って服を着た。「フリギダリウム」の温度が冷たすぎると感じる客は、暑い天気の日には屋外のプールに入った。入浴客はマッサージの際使う油を入れた小壺《アンプラ》と肌かき器《ストリジル》、現代の石鹸にあたるソーダ、タオルを持参した。裕福な人びとは何人も奴隷を連れてきた。衣服を見張る奴隷、マッサージをする奴隷、脱毛を担当する奴隷というように。ルキアノス〔ローマ帝政期のギリシアの諷刺作家。一二〇頃〜一八〇年頃〕はヒッピアスの共同浴場について書き記している。最初の二部屋が衣服や携帯品を預けるいわばクロークルーム。ついで、マッサージ室附きの「テピダリウム」〔温浴室〕。ここは運動をする格闘技場《パライストラ》としても用いられた。それから「カルダリウム」。「フリギダリウム」へはここから直接ゆくことができた。共同浴場の暖房は床下からなされていた。「ススペンスラエ」すなわち吊り床と呼ばれた床下部分は適当な高さの柱で区切られ、耐熱煉瓦が張られており、そこから熱が回った。その方式を完成させたのは紀元前一世紀のセルギウス・オラータである。それが一般化する前、暖気は丸天井の丸みに沿うように集まるだけだったし、家々の暖房として火鉢しかない時代、冬の厳しい寒さが帰宅後も外套から消えてはくれなかった時代にあって、「カルダリウム」のそうした方式はまたとない贅沢であった。「カルダリウム」の水は連結した青銅の壺三つに入れられ、炉の上に置かれた。炉が据えられていたのは「プラエフルニウム」と呼ばれる一種のボイラー室のなかで、三つの壺は炉に最も近いものが熱い湯、次が微温湯《ぬるまゆ》、一番離れた高い位置にあるものが冷水だった。

入浴は個人の清潔を保つ手だてであると同時に、皆で寛ぎ、愉しい宴《コンヴィヴィアリテ》に興じる機会であり、かつ、トレーニングの手段でもあった。そもそも入浴施設自体、肉体鍛錬の場だったからである。共同浴場の階上に住んでいたセネカ〔前四頃〜後六五年〕は、鉛のバーベルや競技者の喘ぎ声や物売りの叫びが混ざった耳障りな音が飛び交う騒々しい場所だと嘆いているが、友人のルキリウスへの手紙では、民衆用の共同浴場だけでなく、円柱や大理石をふんだんに使い、泉水や噴水を至るところに施した、医者専用の施設のすさまじい贅沢ぶりについて長広舌をふるっている。紀元前二世紀に生きたスキピオ・アフリカヌス〔前二三六頃〜前一八三年。古代ローマの名将。ハンニバルを倒し、カルタゴを潰滅させる〕の闊達な行動能力、男らしさ、厳格な生活態度を誉め讃えたこのストア派の哲学者はしかし、スキピオの浴室の質素さにはひどく落胆したようである。

最初のうち、男女は別々に浴場に通った。女性専用の施設が造られていることもあれば、男女別に入浴時間が定められている場合もあった。プールだけは男女兼用だった。ローマでは父子が一緒に風呂に入ってはならなかった。共和制〔前五〇九〜前三一年〕最後の一世紀、女性は、年を経て若い頃のように身持ちの良し悪しを詮索されなくなるにつれて、より自由に浴場に通うことができた。男性の奴隷に世話をさせる婦人もいたほどである。プリニウスは、男女がともに入浴していたと主張している。こうした男女の混浴はカラカラ帝の時代〔二一一〜二一七年〕に始まった。ハドリアヌス帝〔在位一一七〜一三八年〕はそれをやめさせようとしたが、できなかった。ローマでは、自分より身分の低い者たちの前で裸になることは別に問題ではなかった。同じ階級同士の場合は、振る舞いが下品にならない限り無礼にはならなかった。よしんば肉体を見せても、立ち居振る舞いがきちんとしていて仕種が上品であれば許されたのだ。

医師による処方

ギリシアでそうであったように、ローマでも入浴には治療法という側面があった。健康に関することなら何でも、公権力から歓迎され、その支援の対象になった。三二五年、小アジアのペルガモン〔現在のトルコのベルガマ〕に生まれ、ガレノス〔二世紀の医学者。ローマに定住し、古代ギリシア以来の医学を集大成した〕を崇敬し、キプロスのゼノン〔紀元前三三六～前二六四年。ストア学派の創始者〕に私淑した医学者オリバシウス〔四〇三年、ビザンティウムで死去。ガレノス以後最もすぐれた医学者と言われた〕は、若き皇帝ユリアヌス〔三三二頃～三六三年。コンスタンティヌス帝の甥。キリスト教を批判し、異教文化復興を目指した。「背教者」と呼ばれる〕附きの医師であった。皇帝の命により、ギリシア・ラテンの典籍を精査し、食餌療法や健康維持に関わる記述を集大成した彼は、みずからガレノスの思想の擁護者をもって任じた。オリバシウスは冷水浴を勧めたが、それをみずからに課することは、規則正しい生活や全身に及ぶ摂生や運動といった、衛生法全般にわたる行動原理の実践にほかならないことを強調した。まさに適切な考え方だったと言えよう。

帝政時代で最も有名な医学者クラウディウス・ガレノスは一三一年、ペルガモンに生まれた〔一九九年死去〕。その生涯はマルクス・アウレリウス・アントニヌス〔最も尊敬を集めたローマ皇帝。在位一六一～一八〇年〕とコンモドゥス〔ローマ皇帝史上最悪の一人と言われる。在位一八〇～一九二年〕が皇帝だった時代に重なる。ガレノスは軟水《オー・ドゥース》〔淡水ともとれる〕の有効性を信じていた。すでにヒポクラテスに萌芽としてみられた、日常的な衛生法の実践を主張する一方で、彼は、医学の二つの側面、すなわち、予防と治癒を重視した。彼の治療法にあって入浴は重要な部分を占めていたから、著作には入浴の実践方法についての記述が残されている。それによれば、理想的な入浴はまず熱い空気を浴びて湯に入り、その後冷水浴をしてから体を摩擦するというものだった。湯に身を浸せば、湿気の持つ効能が促進され、痛みは和らぐ。病に冒された肉体でも、温まれば冷水浴が可能になる。冷水浴は神経線維を収縮させ、患者の体力を回復させる。これがガレノスの考えだった。ヒポクラテスと同じく、ガレノスも一日に二度か三度の入浴を勧めたが、極端に弱っているときの冷水浴は禁じた。熱い湯のあとに急激に冷水に身を浸すことは病人には耐えられないからである。そういう場合は微温湯浴《ティエード》が望ましいとされた。入浴のあとは発汗を促すために、裸の患者をまず布でくるむことを勧める医師もいた。最後は塗油が不可欠とされた。湿った皮膚をすべらかにするためだった。

ガレノスによれば、入浴は温度さえ適当であれば、体を温めるだけでなく、体に必要な湿気を保つためにも有効であった。それはまた、激しい熱を鎮め、細胞間の交換作用を促進し、病人の体力を回復させる効果を持つが、いくつか注意をしないと、かえって体力を奪うことにもなった。病人の消耗を防ぐためには、ゆったりと入浴することが肝要だった。動きが少なければ少ないほど、筋肉はあらゆる緊張状態から解き放たれて弛緩する。一般に、湯浴は疲労回復を促し、多血症の徴候を抑え、筋肉を温めるが、そのぶん、肉体を脆弱にする。冷水浴はその逆に肉体を強靱にするが、同時に、筋肉を温めることが必要だとされた。

患者が湯の持つ力にみずからを委ねたり、日光に身をさらしたりしているだけなら、筋肉のウォームアップはいわば受動的でよい。だが、もし、何らかの身体的運動に関わるときは、どうしても能動的にならざるをえない。運動と一口《ひとくち》に言っても、ギリシアの格闘技場《パライストラ》でのように本格的なトレーニングの場合もあれば、輪回しやボール遊びのごとく単なる気晴らしということもあった。だが、入浴中に行なわれる、力強いマッサージでも全身を温めることは可能だった。それにはまた治療の一環として、病気の極期の熱を下げる効果もあった。力を入れてマッサージをすれば体は引き締まるが、そうでなければなまった体になりかねない。長時間続ければ痩身効果もあり、入浴前であれば体を温め、入浴後なら体の緊張をほぐすとされたから、冷水を用いた浸身浴《イメルシヨン》には欠かせなかった。ガレノスは若い患者には夏に限ってではあるが、その処方を勧めた。水浴のあとはマッサージが再び行なわれた。気温をさわやかに感じることができれば食欲も増し、血色もよくなる。筋肉組織が強化されることで、体はいっそう丈夫になるのだ。

アウルス・コルネリウス・ケルスス〔代表作に『医学辞典』。医学のキケロと称された〕と言えば、一世紀、アウグストゥスの時代に活躍した著述家だが、彼もまた、入浴や運動や水泳の効用を強調した一人である。ケルススは中風や癲癇《てんかん》の患者には鹹水《かんすい》を用いた浸身浴《イメルシヨン》の治療を施し、極度の疲労を訴えた患者には入浴とマッサージの処方をした。ただし、そうした患者の場合でも、発熱のおそれがあるときは、少量の油を入れた湯を使った半身浴以外は禁じた。日光浴のあとは頭皮マッサージと全身マッサージをしてから湯浴をすること、風邪気味のときは発汗室《エチユーヴ》に入って汗をかいてから塗油と入浴をすべきであること、とはいえ身体頑健なら冷水浴こそ望ましいというのが彼の考えだった。冷水浴に対する彼の考えは、やはりアウグストゥス時代末期からネロの時代に活躍した二人の医師にも共通していた。それがアントニウス・ムサ〔アウグストゥス帝が肝臓を患ったとき、ムサは冷水浴と清涼飲料で治し、帝から多額の報奨金と騎士だけに許されていい黄金の指輪を賜わったという〕と、マルセーユの医師シャルミ〔もっぱら冷水浴の効用を説いた。治療費が高いことでも有名だった〕である。二人とも冷水での灌注を病気の治療に用いた。海や池に身を浸す寒冷浴《バン・グラセ》を流行させたのも彼らである。セネカは水泳の達人で、年をとってからはさすがに微温湯《ぬるまゆ》の浸身浴《イメルシヨン》で済ませるようになったものの、若い頃から壮年までは、新年に行なう健康法としてローマ市内を流れるヴェルゴ水路〔紀元前一九年に建設された〕の冷たい水に身を沈めていた。冷水浴はストア学派の人びとがとりわけ好んだ入浴法だった。その入浴法を広げたクラウディウス・アガティヌス〔スパルタ出身の医師。さまざまな療法を積極的に採り入れた「折衷主義」の医学者〕は、湯を用いる浸身浴《イメルシヨン》はとくに疲労が激しいときだけに限定していた。湯浴は日常的というより、一時的で特殊な治療法だったと言っていい。実際、アガティヌスは寒冷に慣れた人間は年をとっても頑健な肉体を保つことができると考えていたから、エフェソスのソラノス〔ソラヌスとも。医学者。あまたの著作を遺したと言われる〕と同じく、著作で次のように記している。すなわち、蛮族《バルバロイ》には、赤子を冷たい水に浸ける風習があると。彼からすれば、同時代の人びとが乳幼児を湯に入れるのは悪しき習慣だった。冷水浴は筋肉を温める運動を前提とするので、過敏な患者にとってはかなり激しい運動量になる。アガティヌス自身、短時間の浸身浴《イメルシヨン》を繰り返すとともに、水泳も怠ることはなかった。海水に浸かれば、皮膚の毛穴は引き締まり、関節痛は和らぐ。マッサージはそのあとに行なわれた。

三世紀から四世紀にかけて活躍した医学者アンティルス〔外科医として名を馳せた。とくに動脈瘤に詳しかった〕は、症状に応じて温浴や冷水浴を使い分け、体を温めたり冷やしたり、柔らかくしたり引き締めたりするのに用いた。水泳は浮腫性患者の治療に有効とされた。アンティルスは疲労を回復させ、痛みを和らげるためには、種々の香草、立麝香草《タイム》やマヨラナや柳薄荷《ヒソップ》で香り付けをした湯浴を、痩身には湯温を上げ塩や蜂蜜を入れた湯浴を勧めた。また、飲用可能な水より、海水などの天然自然の水に浸かることを奨励した。天然の塩水には余分な脂肪を取り除き、体を温め、元気にする働きがことに強いからである。それは慢性病治療に採り入れられたが、急性疾患の場合は禁じられた。鉱水に身を浸す入浴は宗教と結びついた場合はとくに、あまたの奇跡的な効果を持つとされ、実際さまざまな経験的効能が取りざたされるようになった。ナポリ近郊では、岩の窪みから湧出する火山性の温泉を利用した湯治場に人びとが集まった。ネロは別荘にしていたカンパニア州バイアに一大治療施設を建設する。一方、中部のチヴィタヴェッキアでは、湯治場はもっと宗教的と言える特殊な意味合いを持っていた。

トラヤヌス帝〔五賢帝の一人。在位九八～一一七年〕治下のローマで医師として活躍したヘロドトス〔歴史家と同名。著述もよくしたという〕によれば、冷泉水は頭痛と潰瘍に効果があるとされた。最初は三十分の入浴でも、治療開始七日目頃になると、二時間まで延長されることもあった。ヘロドトスはまた、喘息や痛風や結核を病む患者に効く砂風呂〔砂浴〕にも言及している。患者は散歩をしてから穴に横たわり、上から熱い砂を全身にかけてもらうのだ。この治療は、浮腫性患者の治療に有効な水泳や海水浴の季節である夏に行なわれた。浸身浴《イメルション》の前には必ず塗油をしなくてはならなかった。塗油は皮膚を守り、筋肉を温めるからである。水に飛び込むのは塗油の直後がよいとされた。

二世紀から三世紀にかけて活躍したアテナイオスは医学百科全書の面を併せ持つ『食卓の賢人たち』〔古代作家の引用にあふれた博学の書。当時の料理や日常生活を知るうえで欠かせない。邦訳は、岩波文庫など〕十五巻の著者である。彼は湯浴はごく最近の習慣であるとし、アンティファネス〔著述家。生没年不詳〕やヘルミップス〔紀元前三世紀頃の哲学者・伝記作家〕に倣って、湯浴には神経組織や皮膚を軟弱にする有害な性質があると主張した。通常の入浴は多くの湿気を人体に与えるだけに、とくに婦人は避けたほうがよいというのが彼の考えだった。彼が推奨したのは鉱水に身を浸す入浴である。そうした温かさに対する警戒心は、時代精神と切り離して考えることはできない。事実、二世紀末から六世紀初めに顕著だったのは快楽を悪しきものとする考え方であった。快楽は有害な結果をもたらすものとして排斥されたのである。無為徒食を避けるべし――これが当時の著述家や医学者の主張だった。博物学者プリニウス〔二三～七九年〕も諷刺詩人ユウェナリス〔五五頃～一三〇年頃〕も医学者ガレノスも過度の入浴は神経に障るとして戒めている。しかし、同時に、悪徳を求め、莫迦げた振る舞いに及ぶ者たちもあとを絶たなかった。皇帝コンモドゥス〔賢帝マルクス・アウレリウスの子。最悪のローマ皇帝に数えられる。在位一八〇～一九二年〕は一日に七回風呂に入ったし、アンティルスの患者の一人は一日に八回入浴して、アンティルスに叱られたりしたのだ。

かくして入浴は身体のみならず道徳的にも不健全だとして疑惑の目で見られ、入浴によって一般化した脱衣行為も同様に怪しいものとして疑われるようになる。とはいえ、入浴の習慣がただちに廃れたわけではない。パリのクリュニー美術館はかつての浴場跡に建てられているが、その浴場はローマの公衆浴場にならって三世紀初頭に造られたと言われている。中央に冷水浴場を配したクリュニーの浴場は、ルテチア〔パリの古名〕に三つあった公衆浴場のなかで最大のものであった。ローマでは政治家の道を選び社会的地位がぐんと上がると、どうしても湯治にふけり、肉体鍛錬を怠りがちになる者が多かった。その妻も否が応でも夫と同類にならざるをえない。それはみずからの健康を管理するのに、きちんと考えられた適度な運動によるのではなく、ただ入浴をしてこと足れりとする女性が増えたということでもある。女性は入浴と気晴らしをすべしと主張したのはソラノス以下ごくわずかの医師にすぎなかった。

ディオクレスと言えば、プラトンとそう違わない時代に活躍した医学者だが、彼は女性が出産に適しているかどうかを、腰回りの肉づきの良さ、顔の線のたくましさ、雀斑《そばかす》の数で判断していた。ソラノスはそうした見方を批判し、出産に関わる母性機能を体調との関連で考えるよう主張した。彼によれば、その機能は十五歳から四十歳まで発揮されるが、入浴と運動によって若い女性が好調な体調を維持していればいるほど豊かになるはずだった。アスクレピアデス〔前一二四頃〜前四〇年頃。「確実に、早く、愉しく」を治療の原則とした。ヒポクラテスには反対した〕と同様にソラノスは、女性は夫たる男性と比べれば体格も体力も劣るがゆえに、これと定まった堅固な体質などないと考えていた。女性の病気の場合、さまざまな症状はもっぱら解剖学的部位の調子いかんによる。そう理解していた彼は単に女性であるというだけで特定の病因と結びつけることはしなかったのである。ただソラノスも、本来の女性的特質を失わせ、男性と同様の体力を付与するに至るある特殊な体形が存在することだけは認めていた。女性の病気に関する四巻の書物のなかで彼は、独身女性の衛生管理について繰り返し語っている。女性の健康は身体のケアがなされれば自然に長続きする。女性の身体にことのほか詳しかったソラノスは、適度なダイエットと規則的な入浴を奨励した。

ローマの時代、健康は何よりも実利的なバランスの問題と化した。軟弱を恐れる気風が、ローマ人に控えめで節度ある立ち居振る舞いを要求したのである。肉体は国家や集団的価値観に奉仕するものとして、役に立つか否かという観点でしか捉えられなくなった。肉体の有用性を確保するのが湯治による衛生法だった。入浴はかくして体調を維持する恰好の手段になる。プールは男女両性に開放されていたが、水泳は他の運動と同じく、むしろ治療の一環として用いられた。エフェソスのルフス〔二世紀初頭の医師・解剖学者〕は、肥満のせいで不摂生に陥りやすい娘たちに対して、自分の提唱する実地療法を行なうように勧めた。それには思春期の不安定な情緒を鎮める効果もあった。富裕なローマ人に嫁いだ若い娘なら浴場に連れて行ってもらう。そこでは金を出せば出すほど痩身効果も大きかった。女たちにかしずかれて服や靴の世話をしてもらうだけではない。マッサージも女たちがしてくれたのだ。そうして慣れた手つきでマッサージをしてもらうと、筋肉が温かくなる。そののちに入浴する。それがローマの金持ちの奥方の生活だった。

五世紀になると、ギリシア・ローマ世界が終焉を迎え、野蛮なる西洋の時代が始まる。四〇六年、ヨーロッパの中央部の小民族がガリアに襲来する。ゲルマンの民族移動がますます盛んになった時期である。

ついには、クロヴィスがフランク王国を統一し、メロヴィング朝が始まった。四九六年、クロヴィスはカトリックに改宗する。キリスト教は神の偉大なる力を讃える一方で、禁欲をしきりに説くようになった。絶対的とは言えないまでも一つの宗教が中世を通じて長いあいだ君臨したことで、新たな価値体系が生まれた。肉体に対する疑念がしだいに生まれてきたのである。アンティオキアのクリュソストモス〔三四七頃〜四〇七年。コンスタンティノープル大司教〕は、〔公衆浴場や入浴時の裸体を糾弾した。キリスト教以前は讃美された鍛えられた肉体は、神に仕える禁欲的でこわばった肉体に変質していったのだ。

第二章　中世

中世初期、五世紀から十世紀にかけての教会は肉体を蔑視していた。聖職者たちが君主たちと密接な関係を結ぶ一方で、信仰生活から生まれた文化が修道士によって広がった。禁欲や苦行が潮流となって時代精神に深く影響を与えてゆく。西ローマ帝国〔四七六年滅亡〕がしだいに崩壊に向かい、不安の思いと野蛮な行為が募るなかで、祈りと精神的苦行の生活が人びとの心を捉えたのは当然だったかもしれない。この時代、教養人たちは隠遁生活を旨とし、とくに五世紀以降は異教のみならず、異教が勧める快適な生活をも排するようになった。みずからを高めるためには肉体の束縛を離れ、快楽を遠ざけなければならない。さらに六世紀と七世紀にガリアを襲った疫病の影響もある。病人は肉体を罪深いものと信じた。自分を苦しめる肉体は憎しみの対象となり、裸体は忌み嫌われ、入浴は顧みられなくなった。衛生の概念を捨て去ることがすなわち精神を高めるしるしとなる。一〇二五年から一〇三七年までリエージュの司教を務めたレジナールは、生涯を通じて浴槽に入ることをみずからに禁じていた。

さりながら、事態が急激に変わったわけではない。ミシュレが『フランス史』で、千年のあいだ、フランスでは入浴の習慣が完全に欠如していたと書いているのは誤りである。大地主は依然として旧来の生活習慣を墨守していた。ローマの侵入以来、湯治のために水を使う習慣が生まれた。ローマ人が定住した土地では、ニームでもパリでもその他の場所でも浴場が建設されたからである。スペイン国境にほど近いサン・ベルトラン・ド・コマンジュやパリ北郊のサン・ドニのように、修道院や僧院の近くに浴場があることも少なくなかった。リヨン生まれでラテン語詩人でもあったクレルモンの司教シドワーヌ・アポリネール〔四三〇〜四八九年。のち西ローマ帝国皇帝となったアヴィトゥスの娘と結婚。ローマに赴き、ローマの長官や元老員議員になるが、義父の死後、リヨンに戻り執筆生活に励む。四七一年、世俗にありながらクレルモンの司教に任命され、妻と離婚。称賛詩や書翰にすぐれた〕は書翰のなかで、館《ヴィラ》〔もともとラテン語で「農場」「田舎屋敷」を指した。古代ローマ時代では「田園にある館や別荘」の意〕のあったアヴィタクス〔現在のクレルモン・フェラン近くの山村アヴィタック〕の湯治場について書いている。そこには火傷しそうなくらいに熱い湯の部屋、香料の部屋といった特別の部屋のほかに、半円形の浴槽やプールなどがあったという。五世紀まで続いたガロ・ロマン時代の大きな館には固有の衛生設備以外にも、床下に配された導管や壁に埋め込まれた鉛管を通じて熱を放射する暖房設備もあった。フランス南西部にあるガロ・ロマン時代の遺跡、シラガンの館は一世紀には質素な農家だったが、それでも体の手入れをするための部屋はあり、その後四世紀まで入浴用の設備は改善されていった。

キリスト紀元に変わってからも、また他民族の侵略があっても、湯治場に行く習慣は容易には衰えなかった。西の辺境地域に攻め入ってきた蛮族にはまた別の習俗があった。七歳になると、彼らは水泳や水浴を始めていた。三世紀や四世紀になると、アラマン族やヴァンダル族、ゴート族やフン族といった蛮族たちは、土着の伝統を採り入れるようになった。「神の祟り」と恐れられたフン族の王アッティラ〔在位四三四～四五三年〕は自分の浴場を持っていた。東ゴート族の王テオドリクス〔在位四七四～五二六年〕は、ヴェローナを流れるアディジェ川で水浴をした。六世紀のパヴィアには複数の浴場があったし、ラヴェンナ〔五世紀から六世紀にかけて、西ローマ帝国や東ゴートの首府として栄えた〕では七世紀になって浴場が建設された。現在のフランス北部やベルギーにあたる、森と沼地の多い地方からやってきたフランク族は、野外の活動や水浴で得られる喜びを高く評価していた。彼らにはある種の衛生観念があったのだ。

たいていの君主たちは習慣的に風呂に浸かった。彼らの住まいには湯と水の供給装置を備えた特別な部屋があった。君主たちは毎週土曜日に入浴したが、民衆はローマ文明の名残である公衆浴場に通った。五九〇年に即位した教皇グレゴリウス一世はけっして入浴を非難しなかった。肉体が必要としているものを食べるのと同様に、人は皮膚を清潔に保ちたいものだということを彼は理解していたのである。彼が信者たちに警戒を呼びかけたのは色欲の罪だけであった。身体を清浄に保つ入浴は長いあいだ行なわれていた。たとえばアイルランドでは、赤ん坊は生まれると三回続けて湯に浸けられた。一方、中世の温泉療法はいっこうに衰えを見せなかった。フランス中部の温泉町ネリ・レ・バンで、ガロ・ロマン時代の建造物に大浴場が附設されたのは中世末期のことである。八角形をした大浴場には互いに繋がった三つの浴槽と、座って入浴のできる段が附いていた。

中世の人びとが肉体をどう考えていたかは、まことに複雑で一言では片づけられない。異教徒のように肉体を大事にする場合もあれば、肉体そのものが恐れられ、苦行僧の禁欲生活でのように疎まれることもあった。中世人の肉体はさまざまな価値観によって引き裂かれ、苦しめられ、蔑ろにされると同時に、崇められてもいたのだ。とはいえ、川での水浴や湯治場での入浴は依然として続けられていた。九世紀のシャルルマーニュ大帝は水泳が大好きだったから、エクス・ラ・シャペル〔現ドイツのアーヘン〕の宮殿にあったプールに進んで飛び込んでいた。友人や息子たちや、ときには兵士たちにも、水遊びに加わるように勧めたが、それは水泳というより、気晴らしに近いものであった。温泉町が発達したのは、じつに彼の治世下である。しかし、屋外の水浴場があったにもかかわらず、実際の水浴は概してしだいに、少なくなっていった。ローマ式入浴は、修道院では形をとどめていたものの、やがて、病人だけが通う場所になった。聖ベネディクトゥスの定めた規則によれば、修道士、それも若い修道士にはなおのこと、極力水を使わずに入浴することが推奨された。聖ベネディクトゥスは、修道士の安楽や睡眠、食物には大いに心を砕いたが、衛生面ではほとんど意を払わなかった。七七二年に教皇になったハドリアヌス一世は、一週間に一度の入浴を説き、聖アウグスチヌスは、月に一度しか入ってはならぬと主張した。全身を洗う水浴を禁じられるということは、すなわち、苦行生活に入ることを意味した。そうした禁欲生活に頼るものは一人ではなかった。

I 中世初期、西欧では水浴が減っていった

七世紀、水浴はますます減少する傾向を呈した。蛮族による侵寇は、大きな施設の破壊、人びとの離郷、国土の野蛮化などの暗い結果をもたらした。修道院の経営する学校では、青年たちは厳しく監督され、貞潔も固く守られていた。若い女性を鍛えることが求められた女子修道院の学校でも、厳格な規則が定められていたことは言うまでもない。ポワチエにある聖ラドゴンド女子修道院では、入浴は三人一緒でなければならなかった。生まれたばかりの赤ん坊にきつく巻かれた産着は、こうした精神的な束縛の象徴であり、禁欲主義の勝利の現われである。そこには、肉体に枷を嵌め、鍛えることによって教育を施したいという強い意志が感じられるだろう。

ゆったりした僧服と間に合わせのような衛生法がよしとされたキリスト教の影響で、当時のヨーロッパでは、肉体は隠され、忘れられてゆく。女性は誘惑の力が強いとされたから、深窓の佳人よろしく、部屋に閉じこもって、ことのほか注意深く見守られて暮らした。封建時代のペネロペ〔オデュッセウスの貞淑な妻。二十年機を織って夫の帰りを待った〕として、女性たちは機を織り、刺繡をし、祈りを捧げ、食事の支度をしたが、みずからの肉体を風呂で洗うことは考えなかった。とはいうものの、家庭の医学や食餌療法に関する書物は何冊も刊行されている。メトロドーラは、六世紀から十二世紀にかけての、女性の病理学に関する著作をいくつも書いたが、そのなかで彼女が示しているのは美容法であって、衛生に関する処方ではない。カロリング朝で用いられていた、浸身浴による洗礼〔イエスがヨルダン川でしたような〕さえ、姿を消し、八世紀には単なる聖水撒布《アスペルシヨン》に取って代わられた。クロヴィスやその配下の戦士たちがしたように、洗礼の順番を待つ男子たちが裸で並ぶ光景はもはや見られなくなっていた。十一世紀には、カスティリア王国のアルフォンソ六世〔在位一〇六五〜一一〇九年〕は、兵士の士気が下がるとして、国中の湯浴場を廃した。

灌注《アフュジヨン》を認める宗教的戒律はほとんどなかったと言っていい。健康法を数々提唱して、十一世紀にとりわけ華やかな名声を誇ったイタリアのサレルノ医学学校では健康を大いに奨励し、脳を強くするために、毎日、冷水で目を洗い、歯を磨き、髪を梳かし、朝の散歩によって四肢の柔軟性を高めることを勧めた。

十三世紀に詩の形で書かれた健康法には、中庸と節度、つまりは、早起きと遅い時間の散歩といった日々の注意が書かれている。それは季節ごと、月ごとに変わる衛生法であり、たとえば、春にはよいとされる入浴は、夏には控えるべきであるとされた。具体的には、一月には体によく、七月には危険、十一月には有害だというのである。湯浴場に滞在するのは三月が望ましくて、野生の香料で香りをつけた湯での浸身浴《イメルシヨン》は五月が良い。入浴をどのようにするかという点に関しては細かな条件が考えられていた。発熱や潰瘍や頭痛のときは別として、入浴は、夕食後か夕食前かによって、太るか痩せるかの効果があるとされた。湯が熱い場合はけっして身を沈めてはならない。サレルノ医学学校の健康法には、毎日の洗顔と手洗いは含まれていたが、浸身浴《イメルシヨン》はあくまで一時的なものであった。この時代には、体を洗うという行為はきわめて慎重に行なわれたし、場所も医療施設においてというものが大半だった。治療上、必要と認められた場合以外では、肉体を大事にするのはすなわち、怠惰を助長することであると考えられていたのだ。

それとは逆に、東洋、とくにインドの哲学では、肉体はみずからの体力そのものによって魂を支えるべきであるとされた。九八〇年、ブハラ〔現イラン〕近郊に生まれたイブン・シーナー〔中世最大の医学者とされる。「医学規範」ほか二百冊の著書がある。ラテン名アヴィケンナ〕の、きわめて広範囲にわたる衛生法は東洋では広く普及していた。それは身体構造から、食べ物や飲み物、身体活動や精神活動に及ぶ。

イブン・シーナーによれば、体質には胆汁質と乾燥質と多血質の三つの部分があり、何らかの原因でそのうちの一つでも悪影響を受けると、必然的に病気になるという。当然のことだが、病気を受け入れやすい環境にいればいっそう病勢は進む。かような害毒に対する抵抗力をつけるためにシーナーが推奨したのは、マッサージと体操、それに入浴だった。熱い湯で浸身浴《イメルシヨン》をしたあとの冷水浴は、健康であればという条件下ではあるが、皮膚本来の抵抗力を増し、身体の熱を保つ、というように。しかし、イブン・シーナーの『医学規範』がジェラール・ド・クレモーヌによってラテン語に訳されて、ヨーロッパに多大な影響を与えるのは、十二世紀のことであった。

十二世紀、『医学規範』と同時に爆発的に拡がったのは、一種のスポーツの祭典である。戦争も十字軍遠征もないときの騎士たちは、鍛え抜いた肉体を持てあまして、かかる愉しいお祭り騒ぎに没頭した。よき主たる者はすべからく、客人の肉体的不満を解消せねばならない。その結果、肉体的満足のために入浴が、騎士の訓育のために水泳が採用されたのである。麗しきトリスタンの場合もそうした規則に則っている。彼がアイルランドの金髪の美女イゾルデの名誉を救う誓いを立てたのは入浴のさなかであった。『薔薇物語』にも、入浴や湯浴場を暗示する箇所がたくさんある。宮廷風恋愛は、まさしく誘惑の記号体系の上に成り立っているが、水の快楽はその重要な要素にほかならない。教会の文書では依然として、肉欲の持つ害毒が強調され、過剰なまでの厳格さがまかり通っていたものの、一方ではある種の自然主義が生まれていた。宗教的イコンの世界では、すでに裸体と信仰を別物扱いすることはなくなっていた。もはや断食と苦行の時代ではなかった。キリスト教徒であっても、人生の快楽を味わうことはできる。そういう時代になったのだ。以後、精神と肉体、魂と身体の乖離が解消する。こうした新しい道徳観は、貴族たちの文化に浸透してゆくが、そうした貴族たちはアラビア文学を発見した人びとでもあった。

人口の増加、社会風俗の安逸化、都市の発展が人びとのあいだの交流を促進する一方で、十字軍遠征は、異文化交流を容易にした。生活と文化のレベルが上がるにつれて、人びとは自分の身体を意識するようになる。社会的つき合いが招来するさまざまな可能性に目覚めたと言い換えてもいい。女性たちは戦いに参加しない代わりに、武功を挙げた勇敢な騎士たちに、熱い風呂を提供した。埃まみれの騎士たちは、疲れ切った体を、木製の小桶に沈めて、ゆったりとした時間を過ごすことができたのである。そうして身を清めたあとは、愉しい会食が待っていた。誰もう裸体や男女同席を気にしなくなっていた。もちろん、宗教会議ではなお、繰り返し非難の対象になってはいたのだが。十一世紀のクリュニー修道院には、修道士のために、十二の独居房があったが、それぞれに木製の桶が附いていた。かくして、十一世紀から十三世紀まで、人びとは個人の生活や人間性や自然科学に関する考え方の変貌に立ち会うことになる。

十三世紀末、衣服は身体にぴったり合い、胴体を締めつけ、美しい膝や剝き出しの脚や、ふくらはぎの柔らかなラインやほっそりした踝《くるぶし》が人目にさらされるようになった。共同体の生活において、美しさが個人を際だたせる手段になったのだ。武勲詩にあっても、肩幅の広さや筋肉の丸み、固い力瘤、敏捷性、身体能力など、騎士たちの身体的特徴を長々と描写することが当たり前になった。十字軍遠征や馬上槍試合から戻ると、彼ら騎士たちは、女主人から入浴とマッサージのサービスを受けたのである。みずからの肉体が清められ、大切にされ、よく観察されていることに対する喜びが彼らの裡にわき起こる。美と衛生に対するこうした新しい意識の芽生えと時を同じくして、修道院の学校が衰頽してゆく。非宗教的な学校教育が発展し、それまでとは異なる文化を担うことになったわけであるが、それは当時の文学作品にしばしば描かれている。中世末期には、人びとは肉体と和解したのである。男女を問わず、化粧のために着る部屋着が個々人の美しさを際だたせるようになる。沐浴と色恋、優しいしぐさと艶なる言葉が戸外の遊びと結びつく。十四世紀中葉に書かれた、コンラート・フォン・マーゲンベルク著『自然の書《ダス・ブーフ・ダー・ナトゥール》』には、戸外の運動も、身を清潔に保つことも、食餌療法もおろそかにしない精神生活を送るための有益な助言が示されている。

　十三世紀以降、実質的に入浴の習慣は拡がってゆく。それを東洋からもたらしたのは、十字軍兵士だった。ビザンチンでは、ローマ帝国の治世下になっても、蒸気風呂は廃れないどころか、広く利用されていた。その味を覚えた十字軍兵士が、そうした洗練されたリラックス方法を西洋に持ち帰ったのである。聖王ルイ九世の第七次十字軍に参加した歴史家のジャン・ジョワンヴィルは、一二四九年六月、エジプトに到達するが、そこで丸一年、王ともども捕虜になる。帰国後、召使いは、彼のために風呂の附いた館を探したという。ジョワンヴィルが最初にしたことは、微温湯《ぬるまゆ》に浸かることであった。ただ、ひどく弱っていたので、召使いは主人を寝床まで運ばなければならなかった。中世初期には軟弱と贅沢の代名詞であった共同浴場に好んで通う人びとはいや増しに増え、いまや共同浴場は、清潔と悦楽の場、法楽と身体の手入れの場となった。フィリップ・ド・コミーヌは、一四八九年から九八年に書いた回想録のなかで、女性とともに入る風呂の愉しみに触れている。

ヨーロッパ全体で入浴がふつうになされていたことは、英国のヘンリー四世が、一三九九年の戴冠式の際に、バス勲位（Order of the Bath）〔前夜に沐浴の儀式をしたあとに、この勲位を授けられた〕を創設したことでもわかる。バス勲位の騎士は、黄金の拍車を附ける前に、身を清めなければならなかった。

初期の浴槽は、木の幹をえぐって作られた。浴槽が現代とおなじ使われ方をするようになるのは、十九世紀後半である。最初は宗教的な意味合いがあった。とくにユダヤ人のあいだでは、沐浴のための大盥のなかで、水を使って心身を清めることが重要だった。樽職人は、円形ないし楕円形の浴槽を作り、十五世紀の鋳掛け職人は、銅か真鍮で大盥を作った。浴槽ははじめ、サボチエールと呼ばれた。

サボは木靴だから、言うなれば木靴型浴槽ということになろうか。浴槽備え附けの鍋で水を温め、洗った灰を石鹼代わりに使った。香草や香料が、個人個人の好みによってさまざま水に加えられた。シャルルマーニュはヴェネツィア原産のアーモンドのパンが大好物だったから、湯に入れて香りを愉しんだという。

最初、身繕いのための盥は、寝室に置かれていた。やがて、隣の部屋から、ついには、家の反対側に置かれるようになる。ドイツやスカンジナビア諸国においては、農村では、住居とは別に、農園のなかに入浴のための建物があり、都市では、家々に発汗室《エチユーヴ》があった。一三八五年、シャルル六世と結婚して、フランス王妃になったイザボー・ド・バヴィエール〔一三七一～一四三五年〕は、故郷のバイエルンの伝統を捨て去ることができず、サン・ジェルマン・アン・レの王宮に、発汗室《エチユーヴ》を造らせている。フィリップ・ド・クレーヴは、三つの独立した部屋からなる入浴施設《ベニユリー》を持っていた。浴室と暖房室と蒸気室である。ブルゴーニュ公シャルル剛胆王〔一四三三～七七年〕は銀の浴槽を持っていて、戦場に赴くときは、わざわざ運ばせるほどだった。口語ラテン語で「蒸気風呂室」を意味する「エクストゥーパ」、あるいは、「蒸気を出させる」という意味の「トゥパーレ」に由来する「発汗室《エチユーヴ》」は、十三世紀以降、西洋の民衆の日常生活の一部となっていった。

Ⅱ　十三世紀と十四世紀、人びとの生活になじんだ湯浴場《エチューヴ》

蒸気風呂屋《エチューヴ》や入浴施設《ベニュリー》、共同浴場《テルム》、入浴場《オテル・ド・バン》は、パリの人びとにとって親しいものであった。それらの施設があった通りには、その名前が附けられていた。エチューヴ・サン・マルタン通り、エチューヴ・サン・トノレ通り、エチューヴ袋小路といった具合だ。一二九二年には、パリに二十六軒の蒸気風呂屋《エチューヴ》があった。その商売は広く知られていて、同業組合を作っていた。経営者は、「エチュヴィエ」（蒸気風呂屋の意。女性形はエチュヴィエール）ないし「ベニュール」（風呂屋の意）〔この単語には「湯治客」「風呂屋の使用人」「風呂屋の主人」の意味がある〕と呼ばれ、床屋《バルビエ》とは依然として一線を画していた。

十四世紀以降、床屋は傷の手当てをしたり、刺絡〔治療のために患者の静脈血の一部を体外に除去すること〕をしたりすることができるようになり、一三七二年七月二十四日には、「理髪師・外科医」の規則書が刊行された。「蒸気風呂屋・風呂屋」の規則書は、その前年、一三七一年に、当時のパリ市長ユーグ・オーブリヨによって、新たな細則を加えた形で、更新されている。癩病患者やユダヤ人を施設に入れると廃業命令となる可能性があるとか、日の出前、日曜祭日は蒸気風呂を温めてはいけないとか。違反し

た場合はパリ鋳造貨幣〔他の貨幣よりいくらか量目が多かった〕で十スーの罰金。ただし、その内の四スーは、廉直な同業者に分配された。料金はパリのどこでも均一で、蒸気風呂は二ドゥニエ〔十二ドゥニエで一スー〕、木の桶で入る熱い風呂は四ドゥニエ、両方続けて入る場合は八ドゥニエ、二人で風呂に入るときは十二ドゥニエと決まっていた。

夜が明けると、お知らせ係が、蒸気風呂が温まりましたと告げて歩く。使用人たちは、今か今かと客を待つ。パリの人びとは、身軽な装いでいそいそと出かけてゆく。体を温めるため、汗をかくため、髭や髪の手入れをしてもらうため、香料を塗ってもらうため、マッサージをしてもらうため、と目的はさまざま。目的に合わせて、ある場合は別個に、浴槽が設置されていた。浴槽の数は規模によって異なったが、どこでも共通していたのは、浸身浴のあとに休憩するための柔らかなマット、温かい毛布、冷やしたワインなどである。思わぬ棘を避けるために、今ならバスタオルに相当する薄い布を借りる場合は、サイズによって一ドゥニエか二ドゥニエが必要だった。蒸気風呂屋《エチューヴ》はパリにはあまたあったが、地方にも少なくなかった。サンリスにも、ストラスブールにも、ディジョンにも、ときにはブリュージュのような外国にも存在した。建物の造りはすべて同じで、地下室に窯、一階は二手に分かれ、一方は貴族と病人用の浴槽、もう一方は下層民用の大浴槽、それに、蒸気を外に出すための穴が天井に開いた、階段状の発汗室《エチューヴ》、上階には、休憩室が用意されていた。

こうした公認の施設と平行して、雨後の竹の子のように増えていったのが、男女混浴の風呂屋である。そこにはせいぜい二、三人しか入れない木製の浴槽がしつらえられていた。それは健康施設というより居酒屋、衛生施設というより娼館に近かった。アルコーヴに収められた休憩用のベッドは、淫らな夢を紡ぐ場所となり、恋人たちは、妬み深い視線に邪魔されることなく、思うさま愉しんだのである。しかし、ついには道徳家の憤激を買い、勅令が発令されることになった。一三九九年二月十一日、パリでは混浴禁止令が施行され、男児であっても母親と一緒に入ることができるのは七歳までと定められた。ディジョンでも、一四一〇年四月十四日の法令で、男女別浴が決められた。女性はロワッシュ共同浴場かメルメ入浴場、男性はジュルノー浴場かヴーラン浴場に行かなければならなくなったのである。違反者には罰金刑が科されたが、二人の既婚女性と一緒にいるところを発見されたある修道士の場合、四十スーの罰金を取られている。一四一二年五月六日、修正案を入れた新しい法令が施行された。どの浴場にゆくかは個々人の選択にまかせ、曜日別に男女を分けるというもので、火曜と木曜は男性、月曜と水曜が女性に割り振られた。

十三世紀と十四世紀には、入浴は高く評価されていた。パリから拡がった流行は地方をも席捲したのである。一三〇九年、フィリップ四世は、プロヴァンに、新しい蒸気風呂を開設する。旧来の風呂が手狭になったためである。マルセーユでは、ユダヤ人に一日、娼婦に一日、浴場が開放された。ストラスブールでは、一三五〇年以前にすでに、十一軒の浴場があった。肉体を管理したいという欲求は、季節感を大切にすること、夜更かしをしたら次の日はゆっくり眠ること、といった健康に関する習慣に結びつくと同時に、女性たちが浴場にゆく際、ゆったりとした衣装をまとい、艶やかな身振りを見せることにも繋がっていった。しばしば入浴施設は、修道院の近くに建てられた。蒸気風呂屋《エチューヴ》で働く娘たちと男性客のあいだには、とかくよくない噂が流れていたので、せめては抑制しようという思いの表われだったと言えよう。聖王ルイ九世は、男女混浴が招来する危険を認識し、何度も注意を促そうとしたが、根本的な解決策にはならなかった。

　陽気なこの時代の物語には、理性と熱狂、羞恥と露出、美徳と誘惑のあいだを揺れ動く曖昧さが描かれている。医学的著述には、美容に関するアドバイスが溢れていた。アンリ・ド・モンドヴィルしかり、ギヨーム・ド・ドルしかり。十三世紀の医師アルノー・ド・ヴィルヌーヴは、若さを保つために、四月と五月には、週に三回入浴することを勧めている。湯は透明でぬるめ。そこに、植物（ローズマリーや接骨木《にわとこ》やカモミールや品川萩《メリロート》）や花（赤い薔薇や睡蓮）や各種の根を煎じたものを入れ、一週間で新しくする。浸身浴は空腹時がよく、最低一時間は続ける。終わったら煎じ茶を飲み、休む。

　蒸気風呂屋《エチューヴ》はかくして、まごうかたなきエステティックサロンと化した。女性たちは、風呂に入るときに脱毛もした。脱毛には、ピンセットのほか、熱した松脂に浸した布や、火で消毒した針が使われたが、針の場合は毛根部分に刺すという方法がとられた。洗髪や髪の手入れ、オリーブ油を使ったマッサージ、香辛料入りの香料の塗布をすることもあった。ヨーロッパのどこの町でも、同じだったと考えていい。ドイツのエルフルトでは、美しい娘が男性客のマッサージをし、髪を調えた。客が娘の唇を奪うことも可能だった。一四七一年にニュルンベルクで生まれた画家のアルブレヒト・デューラーは、日々の出費を事細かに記録していたが、それを見ると、彼が定期的に風呂屋に通っていたことがわかる。

当時の図版を見ると、いかに人びとが入浴を好んだかがわかる。メンモ・ディ・フィリップッチオの絵、《入浴する夫婦》(一三二〇年)では、夫は妻の腿に手を置き、妻は夫の肩に手を置いている様子が描かれている。入浴で緊張がほぐれた二人が交わすまなざしには、一種の合意が見て取れるが、そうした入浴がいざなう快楽は、当時の小説が盛んに採り上げたテーマだった。ジェルベール・ド・モントルイユの小説『菫の香り』(十三世紀)では、騎士のリジヤール・ド・フォレ伯爵が、侍女の手引きで、入浴中の麗しいウーリオーのもとに不意に姿を現わし、姫の乳房に花の入れ墨があるのを見つける。宮廷楽人ヴァトリケ・ド・クーヴァンは、『道徳物語』(一三二五年頃)で、熱い風呂と爽やかなワインの愉しみを称揚している。エクス、ブルボン・ラルシャンボー、ネリ、ヴィシーを有名にしたのは、ほかでもない水、若さの源たる水であった。

ブルボン・ラルシャンボーの名を広めたのは、小説『フラマンカ』である。跛行の者や病人だけでなく、恋人たちもそこで落ち合ったことがそれでわかる。入浴施設の数は多く、それぞれ囲いがあり、効能その他によって分けられ、休憩室もあった。風呂の各々に二つの源泉が引いてあり、一つは沸騰するほど熱い湯、もう一つは溢れるばかりの冷水だった。源泉の権利を持っている施設の主人と仲良くなりさえすれば、いつでも好きなときに入浴することができた。混浴だったから、夫たちは嫉妬深いまなざしを妻に投げかけていた。

ブルボン・ラルシャンボーで最も美しい施設と評判をとったのは、ピエール・ギーの店である。アルシャンボーの領主が奥方のフラマンカを伴ってそこにやってくる。領主は誰か不届き者が潜んでいはしないかと、部屋中を捜しまくり、そのうえで初めてフラマンカに着物を脱いでもいいと言い渡す。しかるのち、領主は外に出て、扉の外で見張りを続ける。外に出るためには、フラマンカは呼び鈴の紐を引かなければならない。侍女の助けを借りて、ついにフラマンカは、恋人と風呂で会う。領主は結婚以来、自分がしてこなかった入浴を妻がしごく喜んでいることを知って驚く。これが『フラマンカ』であるが、しかし、フラマンカの話だけが特別というわけではない。十三世紀の教訓詩『薔薇物語』も、中世にはしばしばそうだったように、嫉妬深い夫につきまとわれた妻に、愛人と風呂で会うように勧めている。妻はただ、悪性の熱が出たと言えばよい。蒸気風呂《エチューヴ》はその治療に効果的だと信じられていたからである。入浴施設は姦通に好都合だったが、同時に、浸身浴に対する人びとのある種の好み――誰もが入れる公衆浴場なのに、プライベートにもなりうる——を反映していた。それは行きずりの客にも提供された。人びとがよく利用するもののひとつだったのだ。

風呂を客人に提供するというローマの習慣は、中世を通じて絶えることはなかった。ジャン・ド・トロワの語るところに従えば、高等法院の一等評定官だったジャン・ドーヴェは、一四六七年九月、ルイ十一世の王妃、シャルロット・ド・サヴォワとその妹と侍女たちを夕食に招いた折、食事の前に風呂に入るように勧めたという。彼はそのために風呂を四つ用意していた。また、ルイ十一世の公認の愛人、ペレット・ド・シャロンはそれと同じ年、愛人と、当時のパリ市長だったドニ・エスラン宅に赴いたとき、やはり風呂に入っている。風呂のあとは、あたかも悦楽のあとのように、みな笑顔になった。「風呂を差し上げる」という言葉は、秘めやかな愉しみの予告であり、それは貴族でも平民でも変わらなかった。地方でも、人びとは布きれで覆った木製の浴槽を使ったからである。

さりながら、ペストの猖獗《しょうけつ》とともに、蒸気風呂屋《エチューヴ》は、病原菌をばらまく場所ではないかと疑われるようになる。蒸気が病気を広めると思われたのだ。一四三九年から一六四〇年にかけて、フランスでは四十回、疫病が流行した。その結果、公共的活動は中止された。ペストの流行を防ぐためには、それを閉じこめることが必要とされたから、人混みや裸体は危険なものに変わってゆく。サレルノの医学学校の規則ではすでに、疫病が猛威を振るっている地方においては、入浴を中止すべきであると書かれていた。一四五〇年の大猖獗の際には、市の参事官は、蒸気風呂屋《エチューヴ》を閉鎖するよう人びとから要請されている。ジャック・デスパール博士は、蒸気風呂屋《エチューヴ》に通う危険性に注意を促したが、蒸気風呂屋《エチューヴィスト》の激しい抗議に遭って、口を噤《つぐ》んでしまった。風呂屋はしぶとく生き残った。病気の流行時に営業を停止しただけである。しかし、それまでは健康法としての入浴に好意的だった医師たちも、しだいに、日々の沐浴や熱い風呂を白眼視するようになる。どんなに病気が流行しても、細菌に抵抗力のある身体を、さらに病気が入り込まない状態まで強くしていかなくてはならない。皮膚の透水性は、また新たな注意の必要性を喚起した。当時の医学書には、例外なく、外出を控え、住まいを清潔に保つように書かれている。人びとは、家を清潔にし、窓を閉め、太陽が出ている時間には外出しなくなった。黴菌が家のなかに入り込まないように細心の注意を払った人びとは、もはや体を洗うことがなかった。

他方、癩病がなくなったことも、身体を清潔に保つべしという考えが衰頽していった理由である。癩病の診療は、中世初期、プロンビエールに代表される温泉町の飛躍的発展を促した。古代より、入浴は皮膚病治療に効果があるとされてきた。癩病患者の治療は、厳格な衛生学と頻繁な入浴を柱にして行なわれた。蒸気風呂《エチューヴ》は、癩病の治療法の一環だったから、病気が治るに従って、風呂の回数は減っていった。癩病の勢いが下火になるや、西洋では入浴が減っていったのは自然な成り行きだった。

ペスト猖獗《しょうけつ》の際は、蒸気風呂《エチューヴ》を避けるべしという法令が繰り返し出された。個人の衛生からしても、また、公共のモラルを守るという点でも疑わしいものとなった入浴はしだいに稀になっていった。ロンドンでは、十五世紀の初め、風呂屋が禁じられた。ヘンリー四世は入浴施設のもたらすさまざまな害悪を並べ立て、それらの廃業を命じた。一四一一年のことである。一四一二年には、隆盛を誇ったフォンテーヌ・ル・コントの蒸気風呂屋《エチューヴ》も廃業。教会側からの非難も、人びとの警戒心をいっそう強めた。一四四一年に開かれたアヴィニョンの教区会議で、教会関係者は蒸気風呂屋《エチューヴ》に行ってはならないということになった。羞恥心の高まりによって、浸身浴をする人びとはぐんと減ったものの、変化はゆっくりと訪れていた。まず最初に、男女の入浴が別々になった。すでに十四世紀に見られたことであるが、何曜日は男性、何曜日は女性というように、分けられたのである。風呂屋によっては、男女別々の浴室になっているところもあった。とはいうものの、これですべてがそちらに靡《なび》いたわけではない。衛生は裸体と無関係ではなかったから、人間には欠かせぬものとしての快楽をより巧妙に追い求める手段となったし、風呂はそもそもある種の悖徳《はいとく》をもたらす面もあって、軽佻浮薄な風俗が再び到来したのである。十五世紀初頭、売春が広まり、蒸気風呂屋《エチューヴ》は恰好の場所となった。上流社会の貴顕たちが支配する小教区の信者たちもその影響を免れることはできなかった。

ディジョンにあったブルゴーニュ公の宮殿の蒸気風呂《エチューヴ》は、一三八四年、シャルル五世の弟のフィリップの妻、マルグリット・ド・フランドルによって再建された。それは四角い建物で、一階には浴槽と、発汗室。マルグリットの客人用の寝室は二階にあって、一階とは外の螺旋階段で結ばれていた。シャルル剛胆王が乳母と過ごしたのはここである。このような蒸気風呂《エチユーヴ》には裕福な階級の人びとが通った。十五世紀には他に、四つの共同浴場が設立されている。それらは木製の共同浴槽と、富裕層と病人のための個人用浴槽を備えていた。蒸気風呂《エチユーヴ》自体は、上がラッパ型になって、いくつもの穴から蒸気が噴き出す窯が据えつけられたもので、その周囲の階段状の席が人びとの座るところだった。しだいに売春の場所となった蒸気風呂屋《エチユーヴ》は、十五世紀末には、目的を健康促進に絞ることが義務づけられた。

デイジョンにジャノット・セニャンなる蒸気風呂屋《エチユーヴイスト》の女がいた。一四六四年五月、彼女の経営する風呂屋から、何だか怪しげな音が聞こえてくるというので、近隣の住民がジャノットを告訴した。ジャノットは、商売女を雇って、客に春をひさがせているという、もっぱらの噂だった。ジャノット・セニャンは哀れな末路をたどる。二年後、ディジョンで、溺死刑に処せられたのだ。風呂屋の女主人は、ウーシュ川に身を沈められて死んだ。それは、十五世紀以降、入浴の習慣が衰えてゆく象徴的なできごとだったかもしれない。

蒸気風呂屋《エチユーヴ》は淫蕩なだけではなく、暴力沙汰の横行する場でもあった。蒸気のせいか、犯罪が多発。泥棒や刃傷沙汰が繰り返された。風呂屋に対する不信がいや増しに高まり、共同浴場は激減する。伝染病、水腫や流産の心配、カトリックやカルヴァン派からの攻撃——それらも衰頽を早めた原因だった。

第三章　ルネサンス――入浴の衰頽

中世にあって、風呂は元気の源であり、かつ、快楽と官能をもたらしてくれるものであった。そもそも水に浸かることは浄化ととらえられていたから、誕生や洗礼にはつきものだったのである。サンタ・マリア・ノヴェッラ教会にあるドメーニコ・ギルランダイオの壁画で、生まれたばかりのイエスのために、召使いの女が水浴びの支度をしている様子が描かれているのはその好例である。トマス・ムーラー〔ドイツの詩人・神学者。一四七五〜一五三七年頃〕は『温泉巡礼《デイ・バーデンファールト》』（一五一四年）で、沐浴と宗教をたくみに分離してはいるが、神は罪を犯した者たちを憐れみ、身を清めるために温泉に行かせるのだと説いている。聖書には、さまざまな「清め」の方法が記されている。ルネサンスはその原点に立ち返った時代であるが、沐浴の時間そのものはずっと短いままだった。精神と実践、図像と実際の習慣とのあいだには依然として乖離があったのだ。

入浴の習慣は存在こそしていたものの、衰えを見せ、特別な機会や医療、ないしはお祭り騒ぎのようなときに限られるようになる。中世初期のように、人びとは次第に風呂に入らなくなったのだ。貧者に接するイエスのしぐさを真似て、足はしばしば洗い、髭や体毛や髪の毛の手入れは続けたが、入浴はほとんど忘れられたのである。床屋は傷の手当てをしたり、刺絡を施したりし、風呂屋の親父は、吸い玉〔減圧作用によって小出血を促すもの〕を当てたり、マッサージをしたり、捻挫を治したりこそすれ、全身浴をさせるようなことは滅多になくなった。風呂は自分の寝室でひっそりと使うものであった。

一五〇〇年前後、とくに北方の国々の富裕層は自宅に、盥やストーブの附いた化粧室をしつらえていた。とはいえ、全身浴に繋がるこうした衛生法より、体を何枚もの布で拭く方法のほうが、優勢になってゆく。それと平行して、川で裸になって遊ぶ人びとは公序良俗に反するという考えが拡がった。最初はプロテスタントの国で、裸での川遊びを禁じる法令が施行された。一五四一年、フランクフルトで、それに違反して、マン川で裸になって戯れていた八人が告訴され、禁錮四週間に処せられるということがあった。しかし、いくら禁じても、違反者が続出するので、当局は、ただ、川でのダイビングを禁じるにとどめるようになった。

ルネサンスは実際、逆説的な時代である。肉体が讃美され、歌われ、表舞台に出る一方、清潔は蔑ろにされてゆく。アリストテレスの最古の注釈で知られる、紀元前三世紀の哲学者、アプロディシアスのアレクサンドロスの影響を受けたピエトロ・ポンパナッツィ（一四六二年マントヴァ生まれ）は、肉体と魂を切り離すトマス派の考えを一掃し、存在固有の統一性を強調した。以来、肉体は精神の、滅びゆく単なる衣ではなくて、建築物を支える骨組みのようなものであり、入念な手入れがその堅固さを保つと考えられるようになった。人間は広大無辺の宇宙にあって、それ自身ミクロコスモスをなしている以上、人生を可能な限り長く、よりよく生きるために、自然の法則に従う必要がある。自然の智慧は人間に四季による違いや正しい平衡感覚を教えてくれるだろう。ただし、そこで言われる健康法は食べ物に関するものであって、入浴にまつわるものではなかった。

とはいえ、裸体を藝術的視点でとらえたいという情熱が消えたわけではなく、水浴への新たな接近がそこで試みられた。ティントレットは《入浴するスザンナ》で、ヌードと沐浴の双方を描いたし、十六世紀末のフォンテーヌブロー派の画家もしばしばそのテーマを扱っている。たとえば、ガブリエル・デストレとヴィラール公爵夫人が、白い布をかけた浴槽にともに入っている絵など。一五五〇年、画家ジャン・クーザンは、入浴後に体を拭くエヴァ・プリマ・パンドラを描く。それは、女性の美しさが水といかになじむか、愛欲と体の手入れにどれほど密接な関係があるかを、図像で示したものであった。

快楽と入浴のこうした親密な関係は、しかし、いつのまにかぼかされていった。それは日常的に約束されたものではなくなり、何人かの医師による的を射たアドバイスがあったにもかかわらず、入浴は布で体を拭く行為に取って代わられた。フランソワ一世の侍医、イエロム・モントゥーは、過度の入浴を禁じただけで、入浴そのものに反対したのではなかった。入浴には、利点もあれば、治療能力もあったから、長く入りすぎないようにすればよかったのだ。入浴が治療と手当、冷水が心身の強化に繋がることは古代から知られていた。『健康維持法』(一五七二年)でモントゥーが主張しているのはまさにそれである。彼によれば、蒸気風呂《エチューヴ》は緊張を解きほぐし、熱い湯は悪性の熱を下げ、塩水は水腫治療に効果的だった。

ところで、子供たちはどうだったか。意外なことに十三世紀まで、子どもはきちんと描かれなかった。たまに描かれることがあれば、成長の止まった大人みたいに画面に収まっていたのである。それが十四世紀になると、遊び好きで悪戯っ子、甘えん坊で母親に身をなすりつける存在として描かれるようになる。レオナルド・ダ・ヴィンチの聖母子像では、母子で交わされる優しい視線が感じられるし、レオナルドより二歳年上のサンドロ・ボッティチェリは、あまたを与え、多くを受け取る母性愛の姿を見事に活写して、現代の私たちを感動させる。十五世紀の画家はみな、母親と赤ん坊を結びつけるそうした愛情を描いたと言っていい。それは「プット」〔イタリア語。「子どもの姿を描いた絵」。転じて「子ども」の意味もある〕、つまり、丸々としたお尻とほっぺたの、薔薇色をした子どもたちを描く、幸福な時代でもあった。フランチェスコ・ダ・バルベリーノ〔イタリアの詩人。一二六四〜一三四八年。その著『愛の教育』は一六四〇年に刊行された〕は、そうした子どもたちを湯に入れることを勧めた。

バルベリーノは韻文で書いた『婦人の節制と習慣について』《デル・レッジメ・エ・デ・コストゥーミ・デレ・ドンネ》で、子どもの教育に有用な知識をさまざま述べているが、子どもを育てる母親自身の能力（それはルネサンスになって認められるようになった）をさらに伸ばすだけでなく、乳母にとっても有益な情報がそこには連ねられていた。新生児の育て方の誤りを正すために、彼が提唱したのは、手を巧みに使って赤ん坊に接することだった。揺り籠にいるときから、乳児は手で大切に扱われ、横たえられる。的確に伸ばしさえすれば、子どもの四肢は長くなり、指は細くなる。指の働きをよくするために、乳母は特別な訓練と毎日の歩行をしなくてはならなかった。毎日、努力を重ねて、定期的に乳児を風呂に入れれば、乳母は乳児の体に力を吹き込むことができる。一カ所に寝かして動かさないことがどれほど危険であるか、衛生管理を怠るといかに害悪となるか、バルベリーノはよく理解していた。軟弱が蛇蝎のごとく嫌われた時代にあって、彼は、乳児の肉体を弱くしないために、何もほかに入れない微温湯《ぬるまゆ》に乳児を浸けることを勧めた。それを一日に二度か三度繰り返せば、乳児は手足を動かし、産着で締めつけられていた四肢を伸ばすことができるというわけである。

病院でも子どもたちは風呂に入れられた。十五世紀のイタリアの画家ドメニコ・ディ・バルトロは、捨てられた乳児の入浴シーンを描いている。しかし、小さな子どもを風呂に入れる習慣はまもなく排されるようになった。温かな風呂でやさしく育てるのではなく、厳格に育てることがよしとされたのだ。ルネサンスは自由と束縛の時代であり、身体に対する意識と行動の自制が共存していた。古代ギリシアと同じく、全身を水に浸すより、部分的に冷水をかけるほうが好まれたのである。

I イタリア・ルネサンスと古代の衛生習慣

さりながら、イタリア・ルネサンスの人びとは身体とその美しさに、したがって、その美しさができる限り長く続くことに執心した。宮廷生活に華やかさが欠かせぬものとなり、女性が新たな社会的地位を得た時代にあって、それらの目的はいっそう重要度を増したのである。一五四〇年、フィレンツォーラ（フィレンツェとボローニャのあいだの小さな町）出身の、四十七歳のベネディクト派の修道士（それは死ぬ五年前のことだった）が、フィレンツェ近郊の町プラトで行なった講演は、以後けっして無視できなくなった上記の考え方に関するものだった。男たちがほっそりとした娘を夢みていたこの時代、教皇クレメンス七世（在位一五二三〜三四年）のもとで、行政長官をしていたフィレンツォーラ（人名）は、女性が若いときの細身をそのまま維持するためなら、できる限りの助力をすると宣言した。彼の理想は、長い脚と白い手、豊かな金髪と巻き毛だった。

パレが一五七八年に訳した、フィレンツォーラの著作『婦人の美について』は、健康であることを、諸活動と衛生の中心に据えているせいか、ほとんど医学論文のように見える。巻頭に掲げられた書翰体の献辞で、フィレンツォーラは、手入れを怠れば怠るほど早く、美は衰えると書いている。かつて悪性の熱病に罹《かか》ったフィレンツォーラは、クレモナ近郊の修道院で静養したことがあったのだが、田舎で過ごした健全な生活から、女性のための衛生学を思いついたのである。妊婦は、胎児の成熟が、樹木の生長と同じように自然になされるべく、細心の注意を払わなくてはならない。妊婦の体のためには、風呂と塗油が望ましい。元気で若々しく美貌を保つことが目標だとすれば、入浴はそれを実現するための有効な手段である。それがフィレンツォーラの考えだった。あまたの医師や教育家も、入浴の効用を理解していたが、その先を進んで、入浴を広めるには至らなかった。正確な科学的分析より、直観で衛生法をとらえていたからである。それは古代文学に回帰して、忘れられた習慣に脚光を浴びせることでしかなかった。

医師で植物学者だったカストール・ドゥランテの論文「健康という宝《イル・テゾーロ・デラ・サニータ》」が発表されたのはパドヴァで、一五八六年のことだった。一言でいえば、肉体の力を弱める無為徒食を攻撃する文書である。ドゥランテは、若い頃から、身体および衛生にかかわる良き習慣をつけるべきであると考えていた。身体鍛錬の真の教師を任じていた彼は、年齢に応じて調整可能な、適切なトレーニングをどう用いるかを明らかにしている。そこには、古代から有益とされてきた摩擦もあれば、歯に至る全身の衛生法も含まれていた。年配者に対するアドバイスは以下のごとくである。腕と肩を動かす。膝から足、腿から膝、背中から肩、腕から手先と、皮膚が赤くなるまで擦る。足を洗い、足先の痛風にならないように、よく動かす。頭皮をマッサージする。目を洗い、手と歯と髪をきれいにする。それが済んだら、外に出て、陽光を浴びながらゆっくりと歩く。気だるいとき、何かしら具合がよくないときは、入浴する。ただし、これは年配者に対する注意であり、若者は湯を用いた浸身浴は避けなくてはならない。さもないと、軟弱になり、肥満するからである。

子どもや女性を善導したいという欲求から、数多くの論文が書かれたが、必ずしも沐浴について触られていたわけではない。たとえば、アレッサンドロ・ピッコロミニ〔文学者・聖職者。一五〇八～七八年〕が「若い婦人に与える助言」として著わした論文では、十六世紀において、布やレースが多く使われるとは書いてあっても、衛生法については何も触れられていない。一家の主婦たるもの、早起きをして、掃除をし、片づけをして、肌着を替えるべしとは書かれていても、沐浴については一言もなく、ただ、美しさを保ち、欠点を補う方法がいくつか記されているだけなのである。一五三九年にヴェネツィアで刊行された『ラファエラ』〔放埒な小説として知られる〕で、作者は、遣り手婆のマルガリータに、「私は優雅な身なりをして、宝石をつけ、短い入浴のときには美しい体を見せるわ」などと怪しげな科白を言わせているが、日々の沐浴については、まったく書かれていないのだ。

子どもの訓育に関する最初の試みは、一三九五年、ミラノで出版された、ピエル・パオロ・ヴェルジェリヨの『生来の病気について、また自由人の欲望と子どもの訓育について』（デ・インゲヌイス・モリブス・アク・リベラリブス・ストゥディイス・エト・デ・リベリス・エドゥカンディス）と題された書物である。著者は、若者は充実した人生を送り、精神を鍛え、身体を丈夫にしなくてはいけないと説く。肉体を脆弱にしかねない不健全な習慣は斥け、とりわけ冷水で体を洗うことと泳ぎを覚えることを勧めているが、入浴は除外されている。水泳は洗練された青年教育の一部をなしていた。一四二九年から六〇年まで、フェッラーラの宮廷に仕えたグアリーノ・ヴェロネーゼは、水泳は心身を爽やかにし、身体の柔軟性を高めると考え、弟子たちに、流れに逆らって泳ぐこと、腕で水を切ることを奨励した。彼の考えに影響を受けたのが、八歳年下の教育家、ヴィットリーノ・ダ・フェルトロだった。

一三七八年、ヴェネツィア北方の町フェルトロで生まれたヴィットリーノは、生来虚弱体質で、ロッテルダムのエラスムスを少しばかり縮めたような体型をしていたが、エラスムスと同様、厳格な衛生法をみずからに課し、長寿を保った。彼は教えるだけでなくて、生徒を鍛えた。マントヴァの宮廷に家庭教師として雇われた彼は、みずからにスパルタ式の厳しい生活、ほとんど隠者のような生活を課した。控えめな粗食を断乎として通し、決まった睡眠時間を守り、苦行僧に似た生活のリズムを崩さなかった。生徒たちの健康保持に関しては、当時の方式に従って、冷水を浴びるよう勧めた。自身の寝室に火の気を持ち込むことは絶えてなかった。身体を過剰に手入れすれば、その当人の体は脆弱になると考えていたヴィットリーノは、ミラノ大司教カルロ・ボロメオ〔一六一〇年列聖〕の依頼で、秘書の枢機卿シルヴィオ・アントニアーノに書かせた『子供たちのキリスト教教育について』（一五八四年）で、軟弱さと風呂を同時に激しく攻撃している。肉体を甘やかすと、厳しい務めが果たせなくなる。衛生法としては、せいぜい部分的な沐浴と、夏の川での水浴しかなかった。

　身体鍛錬と体の手入れに対して、人びとが冷たい視線を投げかける一方で、衛生学に関する医学的著述はあとを絶たなかった。ギリシア・ローマ、それにアラビアの医師たちの著作をほとんど最初に集大成したのが、パドヴァ出身のアントニオ・ガッツィである。『花冠《フロリダ・コロナ》』と題されたその書物は、初版が一四九一年（ヴェネツィア刊）で以後、一五一二年まで何度も版を重ねた。そこでは、衛生学と体育が融合されている。ヒポクラテスとガレノスが推奨した運動を七冊の書物にまとめたのが、教皇シクストゥス五世の侍医だったアンドレア・バッチである。彼は熱心な読者のために、ギリシアとローマの水浴をほとんど網羅している。ヴェネツィアで、一五七一年に刊行された『湯治場』は、古代人の風習についての理解を助けてくれる書物である。古代における入浴方法とそれにまつわる事どもが明らかにされているが、惜しむらくは、それらが古びた骨董品さながら、現代では通用しないものとして描かれていることだろうか。家庭ではよく顔を洗ったが、ほとんど風呂には入らなかった。学校の生徒がとくに恵まれているわけではなかった。

それでもエラスムスは、モンテギュの学寮を「汚穢」の場としているあれこれの行為を厳しく糾弾した。一五三〇年に出た『幼稚な作法』は、人びとが採るべき態度について、礼儀作法の観点から守るべき基準を示している。衛生学にもすこし足を踏み入れているが、入浴の名誉回復はなされなかった。一五〇〇年にはあれほど流行した入浴が、四半世紀後には打ち捨てられてしまったのだ。エラスムスのアドバイスは控えめである。毎朝、冷水で顔を洗う。ただし、昼間、再度洗うのは無駄。女性の身繕いは、体の手入れを含んではならない。しかし、エラスムスは、子どもをきちんと育てるために、母親と乳母が教育を受けるべきだと考えていた。その教育には、食事や運動はむろん、摩擦や塗油や衣服のことまでもが想定されていたが、全身浴については言及がなされていない。水泳は教えるべしとあったのだが。

十六世紀には二冊の論文が書かれている。一つは、スイス人のニコラウス・ヴィンマンが一五三八年に書いたもの。もう一つは、英国の修辞学教授ディグビーが一五八七年に書いたものである。スイスやドイツや英国では、男女ともに水泳の習慣があった。兵士を育てる意味から、子どもたちに奨励されていた水泳は、騎士道が衰頽するにつれて、同じく衰えていった。ルネサンスは、ちょうど中世の医学が、人間と自然の和解を認めたように、衛生学と折り合いをつけたのである。作家で外交官だったカスティリオーネ〔一四七八〜一五二九年〕とラブレーは、野外の楽しみを再評価し、身体鍛錬を奨励した。カスティリオーネはあらゆる行為は努力の跡をみせてはいけないと考えていたから、身体鍛錬もまことに控えめだった。一方、ラブレーは身体鍛錬をとことん愉しんだようである。身を清潔にする入浴こそ忘れられていたものの、水泳は推奨された。該博な知識に支えられたラブレー独特の考え方は、豊かな想像力と道化的精神の賜物であり、騎士物語や諷刺物語に対する当時の人びとの嗜好を代弁していた。身体鍛錬が再び脚光を浴びるに従い、衛生学も発展したが、それは単に、川での水浴や摩擦や布の替えにとどまっていた。

II　十五世紀以降、人びとは水に無関心になってゆく

『パリの家政論《ル・メナジエ・ド・パリ》』（一三九三年頃成立。パリに住むブルジョワ階級の老人が妻に迎えた十五歳の少女に諄々と家庭の主婦の心得を説いたもの。一八四六年、フランス愛書協会によって初めて公刊された）は、多くの女性たちに、夫婦の義務をできる限りきちんと身につけるためのアドバイスを数々示している。それが書かれたのは十四世紀末。若い妻のためであった。この家政術の書物は、妻が夫を充分いつくしむことを勧めている。夫たちは、家庭の温かさとは離れて外で仕事をしてくるのであり、帰宅後はきめ細やかな伴侶の傍らで

慰めを必要としているのだ。妻は煖炉のそばで、夫の靴を脱がせ、足を洗って、清潔なタイツと靴を履かせる、といった具合だ。『パリの家政論』は、食事の内容については細々と記しているが、体を洗うことについては何も触れていない。互いの人柄が引き立て合う結婚の徳について触れても、入浴の効用については口を噤んだままだ。妻は起きると、祈りを捧げてすぐに身支度をする。衣服の状態、たとえば襟元が汚れていないかどうかを確かめる。しかし、朝の洗面その他、水を使うはずの事柄についてはまったく書かれていない。布や毛皮に入り込む蚤、家内のほとんど至るところに出没する蚤をどうやって払うかについては何度も書かれているのに、水に関してはいっさい沈黙しているのである。衣服は密閉した行李のなかに仕舞われるのだが、衣服を洗うとは書かれていない。体を洗うと書かれていないように。

十五世紀以降、水は胡乱《うろん》なものと考えられるようになる。熱い風呂は毛穴を開くから、有害な空気が体内に自由に入り込んでしまうというのだ。十三世紀には多くの人びとが入浴していたのに、三世紀後には誰も体を洗わなくなった。風呂に取って代わったのは布である。布を替える。それが体を清潔にする行為となった。服を脱ぐだけで、体の垢は、まるで吸い取り紙につく埃のように服地に附く。垢を擦る必要すらない。温泉や青春の泉〔ギリシア神話。浸かると若くなるという泉〕は宗教的な記憶であり、絵画に残されているだけ。入浴は治療目的で医師に処方された場合のみとなった。風呂は湯気をもたらし、神経を苛立たせる健康の敵である。浸身浴はすっかり姿を潜めた。かつては声を限りに叫び、パリの人びとを風呂屋に誘ったお知らせ係も過去の職業と化した。フランス人の日常風景から風呂屋は姿を消してゆく。次々に出される法令が蒸気風呂屋《エチユーヴ》の息の根を止めたと言っていい。十六世紀になってもいくつかは残っていたが、布の使用がそれすら廃業に追い込む。布で拭くことで、不潔さは親しく人びとの生活に入っていったのである。

疫病がもはや逆行できない変化に拍車をかけた。一五四四年、一五六三年、一五六八年とペストが再び猖獗《しょうけつ》したことで、医師たちは水は黴菌を運ぶと主張する。病気との闘いのなかで、人の集まる集会所や学校や教会、そして風呂屋が閉鎖された。修道院の学校では、子どもたちを見張り、その羞恥心を育成するために、修道士が子どもたちのあいだに挟まって寝たが、それと同様に、ペストは互いに体を接しないこと、そして黴菌がとどまることのできないすべすべした、不浸透性の、繻子《サテン》のような布で体を覆うことを人びとに促す結果になった。地方でも、パリと同じように、風呂屋は廃業していった。ルーアンでは一五一〇年、パリでは十六世紀後半だった。ブザンソンでは、公式閉鎖の三年後、ニコラ・ボンカンパンが検査官に任命され、市の採った措置が遵守されているか調べて回った。その措置には、在宅看護か指定病院での治療の特別許可や、回復後四十日間の患者の隔離などが含まれていた。以後、身体の手入れを請け負ったのは、「理髪師・外科医」だけである。彼らの店には桶が用意されていたが、それはたいていの場合、病人専用だった。安楽でも衛生的でもないので、やがてその習慣もなくなった。十六世紀の裕福なパリのアパルトマンの図面を検討すると、内庭や数個の寝室、衣装部屋〔このなかにおまるを置いてある場合がしばしばだった〕や台所や屋根裏部屋はあっても、浴室もトイレさえもない。

衛生面での不便さが増すにつれて、布地は糊づけされてごわごわになった。十六世紀末、ヴェネツィアの貴族は、首に襞飾りを巻き、複雑な髪型をして、ベールをかぶった。重い衣服は、非衛生的な習慣と分かちがたく結びついていただろうし、鬘《かつら》の多用は、浸身浴をしなくなったことと大いに関係があったろう。風呂屋の経営者は一定の研修を受け、試験に受かると、「理髪師・外科医」に転身することができた。一六二七年、三十人の風呂屋が試験に合格。「理髪師・外科医」として再出発した。風呂屋では先がないと見込んだのだ。やがて誰も風呂に入らなくなる。温泉療法や私的な何らかの特別な機会を別にして。

ブラントームは『艶婦伝』で、十六世紀のフランスの風俗を描いている。シャトーヴィラン伯爵邸を訪れた招待客は、女たちが入浴しながら、愛撫し合い、ともに愉しんでいるさまを描いた数枚の絵を見てショックを受ける。それから考えても、この時代のフランス人が、入浴の習慣をなくしていたこと、それよりも髪油や香水を好んだことがわかる。体を洗わなくなったぶんだけ、身を飾ったのである。水だと肌が損なわれ、血色を失う、それゆえに肌を守る必要があると人びとは考えていた。一四八三年、シノンに生まれたフランソワ・ラブレーは情熱的なユマニストであり、彼が奨励する教育もそうした精神のありようと無関係ではない。文学上の巨人の背丈に合わせるかのように強調される、並はずれた彼のいわゆる教育は、しかしながら、身を清潔にする入浴については知らぬ顔を決め込んでいる。ガルガンチュアはさまざまな泳法を習得するが、体を洗うことはない。起床して体を擦られ、昼食前にまた拭かれて擦られ、夕食前に再び擦られ、拭かれ、爽やかできれいな服を着せられはするものの、水に入るのは川遊びのときだけだ。もちろん、当時も入浴治療は存在したが、それはあくまで病気を治すためであった。

Ⅲ　十六世紀の医学論

医者が勧告したこともあって、衛生学は後退を余儀なくされる。アンブロワーズ・パレは水を厳しく弾劾したが、それは水や湯が露出した肉体を懦弱《だじやく》にし、大気中の蒸気にたくさん含まれている黴菌が容易に体内に入るきっかけを作るからという理由である。一五六八年に刊行されたペストに関する書物でパレは、神の怒りで人間のもとにくだされたこの業病が、汚染された湿気の多い空気によってどのように伝染するかを説明している。蒸気風呂《エチューヴ》の湿気と熱は肉体の力を弱め、肉体を黴菌が好んで身を潜める一種のスポンジか隠れ家にしてしまう。健康を考えて最初にすべきは公衆浴場の閉鎖である。ペストに罹《かか》ったらまず隔離する。隔離すれば、蒸気風呂《エチユーヴ》の人混みを避けることができるし、伝染を予防することも可能だ。伝染に対するこうした恐怖は、十六世紀に何度でも表面に現われる。さらに、医師の勧告もあって、妊娠のおそれが女性たちを風呂屋から遠ざける。空気中に漂う精液が知らぬ間に体内に入っては一大事というわけだ。

十六世紀に流行った梅毒も、すでに危険だとされていた入浴の息の根を止めることになる。一五一〇年、一五三三年、一五六一年と繰り返し出されたパリ奉行の布告もあり、風呂屋はフランスのほとんど全域から姿を消した。一七二一年に出た『ペスト論』で、プロイセン国王附きの医師だったマンジェ博士は、ジュネーヴの蒸気風呂屋《エチユーヴ》の崩壊を描いている。

温泉施設だけはそれ以後も多くの人びとが訪れた。ただし、体を洗うのではなく、体の手入れのためである。九世紀からすでに、火傷や痙攣性疾患は浸身浴を繰り返すことで治癒するとされてきた。温泉治療は三週間続き、食餌療法とともに、毎日温泉に浸かることが義務づけられた。ピエール・ド・ブルデーユ、というより、ブラントームと言ったほうがいいだろうか、彼はアンリ二世やシャルル九世、アンリ三世の寵愛を受けた宮廷人だが、慧敏な記録作者でもあった。一六一四年に死んだあとに出版された『回想録』は、まさに有能な史料編纂官の手になると言っても過言ではない。彼によれば、スイスでは十六世紀を通じて、男女とも風呂屋に通い、しかも、何のお咎めもなかったという。尿路結石に苦しむ患者は苦痛を和らげるために、スパ〔ベルギー〕やフォルジュ〔フランス〕といった温泉地に通った。モンテーニュも温泉を愛した一人である。

ミシェル・ド・モンテーニュは、一五九二年九月にこの世を去った。『旅日記』〔一五八〇年六月から翌年の十一月にかけて、イタリアやドイツを旅したときの記録〕は、死後百八十年あまり経った一七七四年、プリュニ神父が発見。ムニエ・ド・ケルロンが印刷に附した書物である。そこには旅先で知った、治療のための風呂屋についてもあまたの記述がある。一五八〇年六月二十二日に始まる、スイスとドイツを経てイタリアに至るこの長旅をモンテーニュが企図したのは、健康上の理由である。彼は腎臓結石に苦しんでいたのだ。九月十六日、ロレーヌ奥地のプロンビエール到着。自然に湧き出る冷泉と温泉の地である。モンテーニュが記しているところによれば、湯治客は日に二度か三度、冷泉か温泉に入る。そのあいだは、吸い玉や乱切《らんせつ》〔皮膚表面に浅い傷をつけて、悪い血を出したりすること〕といった基本治療を受けるが、食事はしない。乱切は日常的に行なわれていて、吸い玉をするときも、乱切の傷口に真珠の球のように浮き出る血が吸いやすくなるという効用があった。

十月二日、モンテーニュはチューリッヒ近郊のバーデン・バーデン〔「バーデン」はもともと「水浴」の意〕に赴く。そこで七日まで滞在。温泉施設は、勢いよく流れる川沿いにあった。二軒は公営で、露天風呂。

貧民層がもっぱら利用していた。中の仕切りがあるだけの男女混浴だった。私営の施設もあまたあり、それぞれ独立したホテルのなかに設けられていた。風呂は個室になっていて、隣接した部屋とともに貸し切りにすることができた。貴婦人だけがそこを使い、よけいな心配をすることなく温泉に入った。客が快適と感じるために、すべてがしつらえられ、湯は好きなだけ使えたし、部屋壁には上塗りが施され、読書のためのテーブルもあった。

バーデン・バーデンの温泉施設は、十二世紀に一度閉鎖されたが、その後再開。十四世紀からは贅沢な町となり、バーデン・バーデンにゆくというのが一種の流行になった。近郊の人びとは舟で通った。「ベニュリー」(風呂場の意)と呼ばれた浴室には、二人用の風呂桶が一つあるいは複数置かれていた。今日《こんにち》、友人を夕食に招くように、友人をそこで迎えることもできた。ヨハネ十八世の秘書官だったポッジョ・ブラッチョリーニ(通称ポッジェ)は、コンスタンツ宗教会議〔一四一四～一八年〕の際、一四一六年に、バーデン・バーデンに行く機会があり、その様子を友人のニコロ・ニコリに書き送っている。

温泉の中心には広場が作られ、その周りにホテルが建ち並んでいた。それぞれのホテルに風呂場が設けられ、宿泊客はそれを利用した。およそ三十あまりの浴槽があり、男女を分けるために、あいだに格子がはまっていた。窓があったので、男女が会話をすることも、ともに新鮮な空気を吸うこともできた。男性が女性のもとに行きたいと思えば、一種のバスローブをまとうか、下穿きだけ身につければよかった。あとは女性が承諾すれば、ということだったが、当の女性たちは、胸と脚が大きく開いた、薄物の長い肌着をゆったりとまとっていた。家族や友人同士で入る混浴風呂もいくつかあった。浴室の上には回廊がせり出していて、男たちはそこで寛いだり、散歩したりした。温泉に通ずる通路は男女共用だった。歌を歌う者もいれば、踊る者、鈴の入った球を用いて、周辺の草地でジュ・ド・ポム〔テニスの原型〕に興じる者もいて、滞在の日々を皆が思い思いに過ごしていた。

とはいえ、入浴そのものは依然として特殊なものであり続けた。もはや衛生学とは無縁になり、温泉治療の一環としてとらえられていたのである。イタリアのアピノの温泉はすこぶる熱く、塩辛かった。施設も小さく汚らしかった。温泉治療は、十五世紀、ことに北方の国々で発達した。スラブ系諸国やドイツの村々では、蒸気風呂《エチューヴ》の伝統が根強かったので、温泉施設もおのずと贅をこらしたものになった。十三世紀末のオーストリアの叙事詩『ジークフリート・ヘルプリンク』を読むと、オーストリアでは入浴の習慣があったことがわかる。蒸気風呂《エチューヴ》の部屋は焼いた石で暖められ、入る者は石に水をかけて、木のベンチに腰を下ろした。ただ暖まるために来る者もあれば、マッサージを受けたり、木の枝で叩いてもらったり、石鹼や灰で体を洗ったりする者たちもいた。調髪や髭剃りのために、床屋もいた。ドイツではあらかじめ税金を徴収して、貧しい人びとに分配した。彼らにも衛生施設を利用してもらうためである。厳しい気候の国々では、蒸気風呂《エチューヴ》屋に通う人びとが少なくなく、入浴は生活に親しい習慣であった。十五世紀の多くの版画や、一五一六年に出た、ヨハネス・ストゥンプの年代記を見ると、そのことがよく理解できる。

医者たちは温泉治療に熱心で、ある種の病気の場合は、薬草を煎じて入れた浴槽に患者を入れた。湯沸かし器が発明されたのはこの頃である。ストーブの上に置かれた湯沸かし器の湯は、管で繋がった湯桶に流れるようになっていた。アンブロワーズ・パレは鉄格子の附いた浴槽を使っていた。煎じた植物と人間の体が接触しないためである。彼はそのようにして水腫の治療に当たった。柔らかくなった肉体は、基本的には塩と硫黄からなる、医学的に体によいと判断された蒸気を吸収する。そのあとが摩擦だが、体を強くするためならきつく、痩せるためなら長く、滑らかにするなら優しく、と決まっていた。かような入浴は病院では続けられ、その限りにおいて、絵のなかに登場することはもはやなかった。日常のものとしてはデューラーの版画に描かれ、手稿を飾ったことがないではないが、医学となると、日常生活に執着する画家からは蔑ろにされたのである。蒸気風呂屋《エチューヴ》と木製の桶は、十六世紀末には姿を消した。前にも述べたように、ペストに対する恐怖が、風呂屋の終焉を後押しした形になった。頻繁に服を替えるのと同じで、ペストに対する予防策の一つだったと言えよう。治療としての入浴は、しかし、十七世紀にも命脈を保っていた。一六六八年、ルーアンの医師ダヴィッド・ジュイッスがそれを求めたという記録が残されている。

第四章　十七世紀と十八世紀

十七世紀において、キリスト教は依然としてアウグスティヌスの影響下にあった。つまりは、人間は弱い存在であるという原理から発して、あらゆる誘惑を遠ざけることに汲々としていたのだ。肉体は、子どもの頃から制約を受け、束縛され、矯正された。ジョルジュ・ド・ラ・トゥールの絵には、窮屈そうに産着を着せられた乳児が描かれている。厳格なスコラ神学では時間の浪費は禁物だったから、沐浴の時間は短かった。子どもたちは朝起きると、お祈りをする。口をすすいだり手を洗ったりすることはあっても、体を洗うことはなかった。イエズス会の学院では、着替えに十五分しか与えられず、洗面などの時間はほとんどなかったにひとしい。外見が衛生にまさっていたのであり、レースが白ければ、体は白くなくてもよかった。水は視力を落とし、カタルや歯痛を引き起こし、顔色を悪くし、寒さや暑さに対する皮膚の抵抗力を下げるとされた。体を水や湯に浸けることは滅多になかったが、その代わり、布や、香水（メディチ家が流行させせた）はふんだんに与えられた。髪油や植物油は、見かけにとって大切な、皮膚の表面や髪をきれいにする手段であった。

大司教ジョヴァンニ・デラ・カーサにとって、外見とは何よりも、あたかも教育が礼節の問題であるように、均整の問題であった。彼は人体を一個の建築物のごとくに扱っている。人体の均整は、世界の秩序だった均整を模倣したものでなければならない。とはいうものの、彼の理論は、まず、しぐさを磨き上げ、振る舞いを優雅にし、態度を厳格にすることから始まる。礼儀作法の先生たるジョヴァンニ・デラ・カーサによれば、美とは審美的な問題というより、全体の見かけの問題であり、優雅な身のこなしから生まれるものである。自然に振る舞えば、わざとらしい気取りはなくなる。それは無気力を促すものではなくて、そのようにわざとらしさが消えるのは、長い忍耐と、入念な躾と、厳しい規則があればこそ。イエズス会がその方式を採用したのもむべなるかな。ジョヴァンニ・デラ・カーサが、一五五一年から五五年にかけて書いた著作『礼儀作法《イル・ガラテーオ》』は、確乎たるしぐさと状況に合わせた振る舞いを厳しく規定する書物であった。カスティリオーネのいかにも宮廷人らしい微笑みに対して、彼が見せるのは修道院の厳格さである。作法を上品にからかう、宮廷社会の公然たる自由を前にして、ジョヴァンニ・デラ・カーサがめざしたのは、規範の確立と人びとの矯正と厳格さの復活だった。

布が入浴に代わり、布を替えることがすなわち、清潔の代名詞になった。正当な《レジティミテ》王朝の世紀〔ブルボン王朝をさす〕に、体を清潔に保つ点ではかくも非正統的《イレジティミテ》な経過をたどったものよと思わずにはいられない。

プロテスタント側が、沐浴の復権に好意的なときに、宮廷医師のルイ・サヴォは、布を大量に使うことが、健康に良くない危険な行為を遠ざけてくれているのではないかと主張している。風呂に入るということは必然的にいくつもの用心をしなければいけないということになり、もともと例外的であった入浴をいっそう複雑にしかねない。入浴は、体を脆弱にし、頭をぼんやりと鈍くさせ、体をだらけさせる可能性が高いのだ。かくして、フランソワ一世の時代に出現した浴槽は、ヴェルサイユ宮殿の庭園の装飾品と化した。導水工事は、公園のためになっても、建物には役に立たなかった。

ジャン・バティスト・シャルダンが一七三〇年頃に描いた風俗画には、洗濯とアイロンがけの様子だけが見て取れる。そもそも供給が難しく、設備には多額の金が必要だったから、水は稀少品であった。家庭用の銅の小型給水器だけが、一般家庭で水を確保する手段だった。給水器の水はパリ中を回って売り歩く水売りから買った。当時の版画を見ると、そのころは一般的だった、男女の水売りの姿が描かれている。食事の支度に必要な水は、個人か共同かは別にして、井戸から汲み上げた。沐浴に用いる道具は珍しく、あっても小型で、せいぜい着脱可能な台のうえに載せる盥くらい。財務局書記だったロラン・グリュイワンは、一六六六年の日附のある公証人の鑑定記録によると、数少ない特権的な人物で、栓附きの銅製の浴槽を持っていた。

十八世紀初頭、愉しみはより社交的で、見かけを尊重するものに変わってゆく。羽根飾りやごてごてしたアクセサリーが派手さを競い合う、サロンの遊びが席捲したのだ。バドミントンに挑戦する貴婦人がいれば、その夫はビリヤードに行ってみるというふうに。少なくとも上流社会では、懶惰《らんだ》は排されてはいなかったのである。ヴォルテールはすでに『風俗論』（一六五〇年）のなかで、騎士道精神が消え、無気力が社会を覆っていることを嘆いている。一七二八年には、ランバール侯爵夫人が『母から娘に』で、懦弱《だじゃく》に流される若い娘たちの教育が疎かにされていると書く。鍛錬にも衛生にも、人びとは関心を向けなくなった。パリにはまだ、何軒かの入浴施設が残っていたが、それは疲れた旅人か、恋に夢中な色事師が利用するくらいになっていた。しばしば贅を凝らした造りだったのは、秘密の恋を隠す隠れ家としても使われたからである。風呂はますます怪しげになって、稀なものになっていった。

I　十七世紀、水に対する警戒心

長いあいだ、礼儀作法や道徳規範のせいで、水の利用法については曖昧にされてきた。入浴をしなくなってから、再びその効用に気がつくまでには相当の時日を要したのである。モランセとアルマニャックとリゼローブルとヴィオレットの領主で、一五七三年にバーゼルの宮廷に医師として迎えられ、ついでアンリ四世の侍医になったジョゼフ・デュ・シェーヌは、一六〇六年に出した『健康の姿』のなかで、身繕いに関するしきたりを尊重すべきであると熱心に説いている。だが、そこでは沐浴は想定外であり、タオルや海綿を用いた摩擦についてしか書かれていない。起床時にすべきことは、髪を梳かす、頭皮を前から後ろにマッサージする、散歩しながら首をマッサージすることだった。耳と歯と手と口はきれいにしなくてはならない。つまりは全身を洗うことなく、一日が始まった。

ルイ・ギュイヨン博士の『医学講義』(初版は一六六二年)は章のタイトルで読む者を驚かす。何しろ、垢、白癬、虱、粉壁蝨《こなだに》、毛虱といった章が並んでいるのだ。虱などは当時はどこでも繁殖したし、汚れている場所などいくらもあった。白癬は不潔だからできるのではなく、塩分と亜硝酸を含んだ粘液が多すぎるのが原因とされた。垢は毛髪系の周辺の粉っぽい滓の素である。それをきれいにするのは入浴ではなく、浣腸だった。体全体が汚れてしまったときは浸身浴をしないわけではなかったが、ふつうは顔から上を洗うだけだった。虱は脇の下や首や髪のように、湿っていて温かい場所に涌いたが、それは非衛生が理由ではなく、ただ、果物の食べ過ぎと乱暴なしぐさのせいだった。子どもが虱にたかられないためには、無為を避けて、毎日髪を梳かすよう、ギュイヨンは勧めるが、体を洗えとは言わないのだ。自然な入浴にしろ、植物の根を煎じた湯に入る入浴にしろ、せいぜいひきつけを起こしたときくらい。水の危険性は、長いあいだ、医者や道徳家によって告発され続けていたのである。

ジャン・バティスト・ド・ラ・サルは一七〇三年に出した『礼法ならびにキリスト教的礼儀作法の規範』で、子どもは、顔を布で拭き、髪を梳かし、歯を擦り、爪を切るべしと述べている。見かけがきれいなことが大切であり、本当に体を洗わなくても、清潔に見えればそれでよかった。沐浴は、顔の皮膚を脆弱にし、暑さや寒さに対して生来備わっている抵抗力を奪うことになると彼は書く。教育家たちは、子どもたちの身体のことは考えていたが、医師によってあまりに厳しく弾劾されてきた入浴のことは無視した。彼らの教えは、しゃちほこばった宮廷社会の窮屈さを子どもに押しつけるもので、恥じらいや節度や慎みといった言葉がキーワードだった。衣服にレースが多用されるに伴って、衛生は軽んじられた。糊づけされた白いカラー、ぱりっとした純白の袖口。そこには本当に清潔かどうかを閑却した偽りの清潔さがあった。一六六五年に作成されたポール・ロワイヤル修道院の規則では、少女たちの起床時間は四時か四時半。ぐずぐずしていてはならず、起きたら直ちに手を洗わなくてはならなかった。それは少女たちに清潔さを教えるためとされてはいたものの、時間が限られていたから、畢竟、手と顔と衣服だけにとどまった。

十六世紀から十七世紀にかけて、共同浴場は姿を消したが、それと歩調を合わせるかのように、個人も家で風呂に入らなくなる。医師は浸身浴を斥け、許可するのはあくまで治療のためのみであった。宰相シュリーが、自宅代わりに住んでいた海軍工廠《アルスナル》で風呂に入っているときに訪ねてきたアンリ四世は、シュリーの健康のためを考え、すぐに風呂からあがるように言ったほどである。宮廷附き医師エロアールは、一六一一年、ルイ十三世に年間二回しか、部屋での入浴を認めなかった。宮廷附き医師ヴァロンは特別の場合しか入浴してはいけないとルイ十四世に言っていたし、国王附き医師のファゴンは、入浴には鉱水を使うことを勧めていた。室内での入浴は治療か回復期の手当て、ないしは逢い引きといった必要性に駆られてのものであった。その真価が認められるには、あまりに警戒心や束縛が多かったのだ。入浴施設はしだいに減ってゆき、ルイ十三世時代のパリには、たったの二軒しか残っていなかった。マリヴォー通りとサン・ニコラ通りの二軒である。それを利用するのはある種の病人だけで、健康な人間がそこにゆくことは絶えてなかった。

加えて、この時代にはペストが猛威を振るっていたことを忘れてはならない。神が遣わされた災厄と言われたペストは、水が持つ効能を覆い隠した。以前にも名前を出したジャン・ジャック・マンジェ博士は『ペスト論』(一七二一年)で、共同浴場が黴菌を広めるとして、それを糾弾するとともに、ペストに罹《かか》った体と汚染された衣服を清めるために、廃棄されていた蒸気風呂《エチユーヴ》を使うことを提案している。入浴が減る一方で、体に対する関心は高まった。慧敏な人びとはみずからの鍛錬と体の手入れに気を使い始めたが、習慣は根強く、地方ではそうした進歩についてゆけない場合が多かった。一六三七年十二月、ルイ十三世は、新たな職業組合を公認する。それは「髭剃り・理髪師」と言われ、「理髪師・外科医」

のような医者の仕事をすることはできなかった。一六七三年三月二十三日、ルイ十四世は、清潔に関する仕事を公認する勅令に署名する。それで生まれたのが、「理髪師・風呂屋・蒸気風呂屋・鬘師」である。髭剃りと入浴と調髪が彼らの仕事だった。それぞれ許可証を買い、跡継ぎに譲渡する場合もあった。十七世紀末になると、最も基本的な体の手入れさえ怠るパリの人びとの身だしなみは、そうした新しい職業の者たちが引き受けることになったのである。

入浴は実際のところ、洗練された異教的な快楽であった。ルイ十四世はヴィエンヌの父の家にゆくと、ジュ・ド・ポムをする前に必ず、蒸気風呂《エチューヴ》に入り、体を拭かせていた。特別な建物で、豪奢な施設だったので、裸になることも、悖徳《はいとく》にふけることも、全身を湯に浸けることもできた。治療のための入浴と同様、それほど皆が通いつめるわけではなく、貴族たちがときどき利用する程度であった。十七世紀にあって、風呂に入るということは、逢い引きその他の理由でなされる例外的な事柄にすぎなかった。とはいえ、マリー・ド・メディシスは、お附きの細工師ジャン・ボードワイエに作らせた個人用の浴槽を持っていた。内部には腰掛け、湯を注ぐ漏斗や蓋まで附いている浴槽だった。

摂政オルレアン公フィリップ〔一六七四〜一七二三年〕が死去したときに作られた財産目録によると、ヴィヴィエンヌ通りにあった公の風呂は、シャルトル公の風呂係だったスランなる男が切り盛りしていた。ふつうの浴室が一つ、蒸気風呂用が一つ、天井の中央に銅製のパイプのついたシャワー室一つ、それとは別に蒸気風呂《エチユーヴ》が一つあった。部分浴も全身浴もできるようになっていた。全身浴のときは木製の浴槽で、蒸気が逃げないように蓋をして用いた。部分浴の場合の浴槽は小型だった。腕だけ、脚だけ、腿だけという使い方もできたのである。この入浴施設は一七八四年五月二十七日に賃貸に出された。一般に風呂が敬遠されている時代にあって、王室附き外科医のニコラ・ド・ブレニー〔一六五二～一七二三年〕は蒸気風呂《エチユーヴ》の復権を図った一人である。彼はサン・ルイ門とサン・タントワーヌ門のあいだのパンクールに薬草園を作り、ベッドを吊るし、患者を横たえ、下から植物を煎じた蒸気を当てた。それは、一六七八年に、当時盛名を馳せた外科医ディオニ博士に引き継がれた。

浴槽がない人びとは鋳掛け屋や樽屋で借りた。銅製だと一日二十スー、木製だと十スーだった。水売りは公共の泉から水を汲んでいたが、それがもとで諍いになったり裁判沙汰になったりすることも多かった。たとえば一六八八年九月四日、あるブルジョワ家庭の使用人の邪魔をした水売りに有罪判決。一七二六年六月四日、使用人に暴力を振るった廉で、パニェ、ルノワール、ジャヌトンという三人の水売りに同じく有罪判決で罰金三リーヴル〔パリなら七十五スー〕。同じ年の六月二十八日、樽屋は夏のあいだ、グラン・ドゥグレからポン・ヌフまでのあいだで水を汲んだり泳いだりしてはならないという判決が出ている。この場合は罰金二十四リーヴル。早い時期から川遊びは再開された。というより、川での水浴はいつの時代にもあったのだ。

一六三〇年頃、冷水浴が再び脚光を浴びる。サン・ベルナール河岸からトゥルネル河岸までは、裸で泳いでいる人びとを見たいという者たちの恰好の散歩道となった。女たちも、長い肌着を身につけてではあるが川に入ることがあった。彼女たちは船の帆の蔭に隠れて着替えたので、船が臨時の脱衣場になった。一六八〇年には、川で水浴をする人びと専用の船が登場。ルーヴィエ島〔かつて海軍工廠の向かいにあった島〕の上流に碇泊していた。おそらくはさまざまな制約が多すぎるという理由で、浴槽を毛嫌いしていたルイ十四世も水泳は大好きで、進んでマルヌ川に飛び込んでいた。王はやすやすと向こう岸まで泳ぎわたり、家臣にも同様に泳ぐことを命じた。川遊びの愉しみを味わったのはルイ十四世だけではないが、当局はパリの人びとが繰り返し川に入るのを警戒していた。当時の警視総監だったアルジャンソン侯爵は、今で言うヌーディストを追放。パリ市長も彼らを訴追するよう命じた。禁錮刑に処すというこの種の脅しは、十八世紀初頭でも繰り返された。

リエージュでは、教会が憤激。一六八八年には、川での水浴を禁じる命令書がすべての教会で朗読された。違反者は一年以上の禁錮刑に処せられた。こうした煩わしい強権発動に対して、個人で対抗する者たちもいた。ヴィランという名の夫婦は、セーヌ川沿いに、日除け附きの板葺きの小屋をいくつも造った。四本の杭で川底に固定したもので、男女別。恥ずかしいと感じる女性は事前に肌着を借りることができた。十八世紀も間近い一六八八年の春のことだった。

一七二七年五月十二日、裸の男たちが女性用の船に入り込むという事件が起こった。パリ市長と市参事官の決定で、男女の船は離して係留することになった。男女が入り交じる危険を避けるだけでなく、洗濯女の便宜をはかる意味合いもあった。その布告は、コンティ河岸とマラケー河岸で、係官がどら声を張り上げて朗読してから、それぞれの船の正面に掲示された。一七二八年五月二十五日、一七三一年六月十二日、果ては一七五一年になっても繰り返し朗読され、張り出された。川での水浴と並び、いくつかの温泉場は依然として隆盛を誇っていた。十七世紀の初め、アンジュウ公ガストン・ドルレアン附きの医師、シャルル・ド・ロルムは、ブルボン・ラルシャンボーの温泉を再び有名にした。セヴィニェ夫人やスカロンやボワローもそこに赴いている。ローマ風の共同浴場のほかに、個々のホテルの個室の風呂があり、国王の滞在する館では、地下にシャワーも備えつけられていた。ブルボン・ラルシャンボーでは、粘液過多が原因とされるリューマチの治療が行なわれた。水によって浄化するという考えはいまだ命脈を保っていたのである。ただし、細々とではあるが。

水に対するこうした冷遇は、英国の医師ジョージ・チェインを驚かせたようである。チェインは、一七二五年に公にした『健康と長命について』で、人びとがしなくなっていた冷水浴の効能を記している。すなわち、体質を強化する、健康を保つ一助となる、風邪を防ぐ、血行を促進するというものだ。彼は毒素を排出するためにもしばしば体を洗うことを奨励した。手や顔は毎日、全身は週に二三度洗う。そのためには各家庭に浴槽があるのが望ましい。チェインにとって、入浴とは、食餌療法や運動と対をなすものであった。川での水浴は段階を追って進めて行かなくてはならない。まず綱に摑まって膝を曲げる。二三度水中に顔を沈める。そして小さな棒で体を擦る。チェインは、家畜にも冷水浴をさせ摩擦をするように勧めている。そうすると、肉がおいしくなるのだという。チェインの本の二年前、ローザンヌ大学の哲学・数学教授ジャン・ピエール・ド・クルザは、『子供の教育について』のなかで、水泳をはじめ、運動全般の効能について語っている。しかし、夏に川遊びをしていたとはいえ、パリの人びとは、国王に倣って、日常的なあらゆる衛生法を打ち捨てて顧みなかった。体の手入れの放棄を礼儀作法が隠蔽してしまった。単一な価値観のもと、厳格な風俗が風靡した結果、個人的な入浴の効用が忘れ去られてしまったのである。

Ⅱ　十八世紀後半、水は見直される

時代によってものの考え方は変わる。秘めたる打ち明け話、手紙のやりとり、エロチックな話題、自然への回帰……かような特徴をもつ十八世紀にあって、とくに後半になると、身体を社会学的により深くとらえたいという傾向が生まれてくる。ワトーやブーシェはディアーナ〔もともとローマ神話の樹木の女神。のちにギリシア神話のアルテミスと同一視され、月と狩猟の女神となった〕をしっとりした入浴姿で描く。テーマはたしかに神話的世界を逸脱することはなかったが、そこには新しい感受性の息吹があった。水に対する嫌悪感は消え去ったものの、さまざまな考え方が存在した。熱い湯にはものを軟らかくする性質があるから、熱い風呂であれば体も軟らかくなると考える者もいれば、微温湯《ぬるまゆ》は穏やかな性質からして、過敏な神経を鎮めると言う者もいた。一方、冷水は厳しい処方を好む医師が推奨した。初期の個人用浴槽は貴族の私邸に備えられた。清潔の代名詞として置かれたのである。文学がとらわれた東洋趣味の発展に伴い、入浴は快楽と放蕩、ハーレムと逸楽を暗示するものとなる。熱い湯に長く浸かったあとは、以前と同じように、軽食とシエスタで体力を回復した。シャトレ侯爵夫人は男の召使いの前で入浴した。召使いは湯の温度を調節するために傍らにいた。彼女は当時の流行に従って植物油や牛乳や一摑みの糠を湯に入れることはしなかった。召使いのロンシャンは恥ずかしさを感じさせることなく、誠実に務めを果たした。侯爵夫人が衛生のためにする入浴の手伝いをすることは彼の仕事の一部だった。それは古代ローマの温泉で、高貴な夫人たちの世話をする奴隷に似ていたかもしれない。ロンシャンの回想録を読むと、いかに注意深い男だったかがわかる。熱い湯を足すときは侯爵夫人が火傷をしないように細心の注意を払ったとある。夫人も脚を広げて、彼が仕事をしやすいようにしたという。マリー・アントワネットにも風呂係の女性がいた。彼女は、癒しの技術で評判の聖職者を迎えたときこそ浴槽のなかで裸のままだったが、いつもはフランネルの衣装をまとって客を迎えた。レゼ伯爵は、訪問客があると、籐で編んだ蓋を浴槽に置くだけだった。入浴はもはや中世のように集団で愉しむものではなく、親しい間柄で愉しむものとなった。いわばお風呂のサロン。浴槽に入ったまま客を迎えるのは不躾ではなくなっていたのである。マリー・アントワネットの家庭教師ヴェルモン神父は、そこでマリーに接見した。

こうした新しい風俗は個人の行動にも影響を及ぼす。一七三〇年、ブーシェは、浴槽をソファーか長椅子のように描く。浴槽をさらに便利にするために、鋳掛け屋を生業《なりわい》にしているオネルという男が、銅製の風呂桶を作り、水を温めるシリンダーを発明していたが、一般に広まったのは、ルヴェルの作った「木靴風呂《ベニョワール・サボ》」〔座浴用の小さな浴槽。もともと木靴の形をしていた〕であった。世紀末には板金製で釉薬《うわぐすり》を塗ったものが作られるようになった。軽く扱いやすくなったのである。ルイ十四世のために、ヴェルサイユにはいくつもの浴室がしつらえられたが、王妃が自分の住まいの衛生設備を整えさせるあいだ、ルイの浴室を使っても誰も驚かなかった。だが、ここでは一部の特権階級にのみ許された、貴族の場合を述べているのであって、すべての邸宅に浴室が造られたわけではない。一七五〇年当時、パリに建てられた七十三の邸宅のうち、沐浴のための部屋を備えていたのはわずかに五つだけだった。入浴と言っても、ほとんどの場合が熱い湯の浸身浴で、清潔にするためだったが、さりとて日常的というわけではなく、むしろ例外的だった。その意味では十七世紀と変わらないと言ったほうがいいだろうか。

とは言うものの、冷水浴を愛好する者たちも出始めた。長いあいだ、それは治療の道具でしかなく、一般にひどく嫌われてきた。たとえば、『男性の会話案内』（一七五九年）を書いたフリエによれば、川での水浴は、運動のあとでは気持ちがいいが、危険であり、冷水浴は頑健な体質の持ち主でなければすべきではない。それよりも、ぬるめの湯に浸かったほうが、神経も解きほぐされ、体が軟らかくなる。子どもは、二日おきか四日おきに、葡萄酒を数滴垂らした水で洗えば、清潔を保つことができる等々。冷水浴の信奉者は、テオドール・トロンシャンをまたなくてはならない。一七六六年以降、オルレアン公の筆頭医師になったトロンシャンは、適度な体操と自然な衛生法を流行させた医師である。

このジュネーヴの銀行家の息子は、自分の名前を動詞にした「トロンシネ」、つまりは、パニエ〔枠の入ったペチコート〕なしの短いドレスに、平らな靴という出で立ちで歩くという行為を、十八世紀後半のエレガントな女性たちにさせたのである。彼が仕掛けた流行は、患者の婦人たちにとって恰好の気晴らしとなった。毒気《ヴアプール》にあてられて、と診察を頼んできた社交界の女性たちに彼が奨励したのは、質素な、それでいて活動的な生活だった。はっきりとした原因がわからぬまま、気分が優れないそれらの女性に彼は率直に、家の床をよく擦ってきれいにするよう勧めた。ユマニスムの信奉者だったトロンシャンは、出不精がヒステリーの主因であることを理解していた。それを治すには、毎日の努力と、厳しい生活を通しての衛生学に頼るほかなかった。鬘やコルセット、美食や熱い風呂を蛇蝎のごとく嫌った彼は、質素や変化に富んだ簡単な食事（適度に断食をはさむ）、冷水浴や運動を勧めた。良識に満ちたトロンシャンは、処方のなかに、私たちが今日《こんにち》、日常生活でするあらゆる体の動き、それまでは氷の水に浸かる水浴同様、無駄で下級と考えられていた、家事にまつわるすべてのしぐさを並べ上げている。

長いあいだ愛情に飢えている女性は、治しようのない神経症か、遺伝的ヒステリーか、いつまでも幻想ばかり抱く人間だと思われてきた。自然の力を利用して患者を治癒に導いていたオランダの学者、レイデン大学教授ヘルマン・ブールハーフェ〔一六六八～一七三八年。『医学論』、『医学に関する箴言』は各国語に翻訳された〕を信奉していたトロンシャンは、女性の身体が社会的な影響でヒステリーを起こす現象を分析した。診察室で彼は、そうした問題を抱えたすべての女性たちに説明した。あなたが病気なのはあなたが無為に過ごしているからで、あなたが無為に過ごさざるをえないのは、あなたがあまりに他人任せにしているからだと。彼は患者に、みずからの肉体を試練にかけるような行動をすることで、悪い誘惑を断ち切り、脆弱さを逃れるように忠告した。何らかのしぐさを必要とする細々とした事柄に努力を傾注すれば、身体を統御することも可能である。そうして勝利を摑んでゆけば、体の力も増すだろうし、気ふさぎも消え、不健康に家に閉じこもったり衛生法を間違えたりした結果生じたヒステリーを克服することができるだろう、と。

トロンシャンとともに、入浴の教育学が生まれ、確実な一歩を踏み出した。もはや体を洗うことが問題なのではなく、なまった筋肉を動かすことが必要になったのである。眠っていた筋肉活動を促進し、時代の贅沢な風潮に弱まっていた力を再び活性化するために医師たちが勧めたもの。それが冷たい水であった。ピエール・ポム博士〔一七三五〜一八一二年〕は、家庭での入浴、植物を煎じた汁を用いた湿布、脚浴槽《ペディリューヴ》、それに体の洗浄を通じて、毒気に当てられた女性患者の治療を進めた。彼が推奨する方法は、一七六〇年〔資料によっては一七七一年〕に刊行された『男女両性における毒気の研究』に示されている。冷水か微温湯《ぬるまゆ》を使う浸身浴を、頻繁に、具体的には一日三、四回、数時間にわたって行なう。水には当該の病を治す効果があるからだ。ヒステリー患者の場合も同じだが、期間は数カ月、一回の時間は十時間から十二時間かかる。体を水に浸けるこの方法は、懦弱《だじやく》に慣れた体、生活習慣から軽い病気に罹《かか》りやすい体を強くする。ポム博士はそう考えていた。

アントワーヌ・ル・カミュ〔医師・詩人。一七二二〜七二年〕は、『実践医学』〔一七六九年〕のなかで、ポム博士の方法を実践するよう勧めている。彼に言わせると、窮屈な生活に流されるあまり、毒気に当てられてしまう都会人は間違っている。熱い湯は皺を増やし、力を奪い、精神を苛立たせるのに対して、微温湯《ぬるまゆ》に身を浸けるのは効能がいくつもあった。一七六三年の著『健康を守るもの』で、ル・ベーグ・ド・プレール〔一七三五〜一八〇七年。ルソーの友人。ルソーが最晩年、療養のためにエルムノンヴィルに行ったのは、この医師の忠言による」は、熱い湯は、神経を弛緩させ、懦弱《だじゃく》を招き、頭痛を引き起こし、鼻血その他の出血を促す危険があると指摘した。手を何度も洗いすぎるのは禁物。その代わり、過度にならぬよう気をつけて、全身を洗うことが大切である。エルネスト・プラットナー〔ドイツの医師。一七四四〜一八一八年〕のような医師たちは、不潔は害であること、その結果、毛穴が汚れて詰まってしまい危険であることを世に説いたが、そうした言説を白眼視する慎重派もいた。

衛生法にあまりに固執する危険性については、どの著者も一様に指摘している。清潔に気を配ることは有益でも、度を超すと有害になる。ジャン・ジャック・ルソーも例外ではない。『エミール』(一七六二年)で理想の女性像として描かれるソフィーのような女性でさえ、過度の手入れはためにならないと考えていたルソーは、子どもが水に浸かることはよしとした。『エミール』は冷水での沐浴と原始的な習俗を称揚する、一種の自然な衛生学の教本である。彼は、子どもを川に浸けて、四肢を自由に動かしむる原住民のやり方を讃えている。ルソーは確かに時代の転換期にいたのかもしれない。教育学について深く考える必要性の芽生え、子どもに対する関心の増大、子どもの個性や感受性に対する認識、衛生学的アドバイス、母親みずからの授乳の奨励。ルソーは、年代に合った活動に適応する自由な生活方法を通じて、子どもが感受性を伸ばすことを望み、子どもが日々の衛生に慣れ、散歩や駆けっこやジャンプや体操や遊びや水泳によって身体能力を高めることで、みずからを鍛えることを願った。

一般には、体を脆弱にする微温湯《ぬるまゆ》や女性を好色にする暑さこそ警戒されたものの、冷水の効能と、ある種の病気の場合に用いる浸身浴の働きについては認めるようになっていた。一七七三年に、治療のための入浴施設は九軒を数えた。同時に、川での水浴も健康保持には役に立つと考えられた。十八世紀後半には、安全に川遊びができるパリの船は、まともに扱われて、各国からパリに来る旅行者の案内に記されるようになった。最初の公共プールが誕生したのもこの頃である。すでに認められていた運動の効用に加え、冷たい水に対する嗜好は、生活習慣と教育学の新しい考え方と無関係ではなかっただろう。

肉体を管理し、その活動を伸ばすという観点からして、冷水浴はようやくお墨附きをもらったと言えようか。もっとも、すでに一七五二年、L・ド・プレヴィルは、『健康を保持する簡単な方法』で、冷水浴は神経組織を引き締め、感覚を鋭敏にし、精神の疲れを癒すものとして推奨している。水浴の効果は、水が神経組織を圧迫すればするほど、高まる。そして冷たければ冷たいほど、水は神経組織に働きかけ、血行を促進する。シャルル・オーギュスト・ヴァンデルモンド（中国生まれのフランスの医師。一七二七〜六二年）も冷水浴の効能を主張した一人である。『携帯健康辞典』（一七五六年）で彼は、職人が罹《かか》る病気を分析し、彼らの健康生活に関する全体的注意を促している。要するに、大気や身体鍛錬や冷水といった自然の要素を有効に利用することで、外界の要因に左右されやすい身体を頑健にするのである。彼の健康方法が拠りどころにしたのは、都会人よりはるかに粗野で繊細さに欠けるが、同時に凝り固まってもいない、自由な野蛮人や農民の生活だった。

ジャン＝フィリップ・ド・ランブール博士〔ベルギーの医師。一七二六～一八一一年〕はリエージュで刊行した『水のみによる入浴について』（一七六六年）で、ヨーロッパ中で冷水浴が認められるに至ったと書いている。温度によって、水は体を湿らせることも乾かすことも、弛緩させることも強化することも、緊張を和らげることも神経を苛立たせることもできる。ランブール博士はシャワーの優位性についても述べている（水の出方が強ければ強いほど、効きめがある）。個々人の体質や気質によって処方は異なる。気性が激しい人はぬるめの湯、冷水の浸身浴は怒りっぽい人にも冷静な人にも効果がある。熱い湯は筋肉の拘縮〔筋肉が持続的に収縮すること〕をはじめ、ある種の病気の場合に推奨された。いずれにしても、日常の習慣というより、体を楽にする手当てであった。

衛生学者が子どもの四肢の発達を阻害するきつい産着や、女性の体を締めつけるコルセットの撲滅に乗りだした頃、ブルジョワジーは新しい衛生規範を受け入れるようになっていた。それは少なくとも貴族階級の人びとに拡がった。バリー夫人は、ディアーヌ・ド・ポワチエの例に倣い、毎日、冷水浴を励行した。一七八五年、テュルカンは四艘の船で囲んだパリで初めての水浴場を造る。床は木摺り〔下地として取りつける小さな貫板〕で、セーヌ川の塵芥から客を保護するために網で覆われていた。それは最初の水泳学校でもあった。トゥルネル橋のたもとにあったその水浴場は、冷たい水による温度面の効能と、体を動かすことによる運動面の効能があった。翌一七八六年、テュルカンを真似て、ドリニーが造った水浴場はオルセー河岸に係留された。テュルカンの水浴場は上流人士御用達の水泳学校になり、一七八八年には、オルレアン公の子どもたちも訪れている。オルレアン家の訓育は、鉄のように厳格な、かのジャンリス夫人〔作家・教育家。オルレアン家の家庭教師を務めた。一七四六〜一八三〇年〕が統括する厳しいものであった。

一八〇一年、テュルカンはセーヌ左岸に腰を据え、女婿のドリニーと共同経営に乗り出す。あらたに出来たドリニー水浴場は、テュルカンにとって第三の水泳学校となった。そうした時代背景はジャンリス夫人の教育にも影響した。オルレアン家の子どもたち、すなわち、未来のルイ・フィリップ、ヴァロワ公とその兄弟のモンパンシエ公とボージョレ公、ならびにその妹の訓育を仰せつかった、有能無比なる家庭教師ジャンリス夫人は、職務を遂行するために、貴族の子弟や王子たちが身体鍛錬や衛生法など見向きもしなかった十八世紀末にあって、きわめて例外的かつ独創的なやり方を採用した。夫人は子供たちを鍛え、言わばジョン・ロック風の野卑な方法によって、病気に負けない体を育成しようとしたのである。ルブランという才能ある助手の手を借りつつ、夫人が子どもたちに課した厳しい規範とは、中庸を守り、冷水浴をし、身体鍛錬をするということだった。ジャンリス夫人自身、浴槽に浸かったままで接見した。それはすでにローマで、教皇庁に国王が遣わす大使だったベルニ枢機卿に対してもしていたことだった。入浴は依然として、貴族的な習慣であり、施設も少なかったから、一般にはなかなか普及しなかった。

当時、熱い風呂に入れる施設はパリで九軒しかなかった。料金は五スーから十二リーヴル〔パリだと三百スー〕といろいろ。最も有名だったのは、イタリア人大通りにあった施設で、美容院、カフェ、レストランが併設されていた。それは十九世紀中葉まで隆盛を誇った。一八三六年にパリに来たアメリカ人旅行者アイザック・アップルトン・ジューエットは、その施設の豪華さに驚いている。風呂の愉しみは読書によっても増幅された。芳香性の石鹼で体を洗い、オーデコロンをなすりつけたあとは、読書用に備えつけられたベッドに横たわって本を読む。客はまた、ハンマーム〔トルコ式の蒸し風呂〕を利用することもできた。

テュルカンはすでに一七八二年には、いわゆる「チャイナ風」浴場を思いついていた。それは穴の開いた浴槽〔二人か三人用〕を二十個、トゥルネル河岸からさほど遠くない、セーヌ川の分流に沈めたものので、これが大当たりを採ったので、テュルカンは三つの施設を造った。数年後にはヴィジエが三艘の船を使った水浴場を開設する。ヴィジエは、ボワトヴァンの経営する風呂屋の最初の、いわゆる三助で、主人の死後は未亡人とともに事業の拡大に努めた。川の流れにたゆたうヴィジエの水浴場は、チャイナ風の橋と列柱と庭園の附いた優美なものだった。ヴィジエの先輩格に当たるギニャールは、さまざまな噴水や蒸気風呂を備えた施設を造って対抗した。ただ料金は高かった。それはセバスチャン・メルシエが記録している。とはいえ、二艘の船は貧しい人びとに開放された。医師か主任司祭の証明書を持ってくれば、只《ただ》で入れたのである。

そもそも最初にセーヌ川に浮かぶ施設を造ったのは、ポワトヴァンである。一七六一年五月に開業したポワトヴァン水浴場は、セーヌから水を汲んで、それを温め、各船室に配った。船室のそれぞれに個人用浴槽が設置されていた。船はチュイルリーの正面、ロワイヤル橋の下流に碇泊していた。値段が高かったので、これらの施設に通うのは、湯や水の効能を信じるエリートに限られた。パリ大学医学部学部長その他に送った手紙で、ジャン・ジャック・ポワトヴァンは、熱い湯に浸かれば、病気は軽くなり、さらには治ることもあると記している。入浴は、温度によって、動悸を速めたり遅くしたりすることもできる。それだけに調整は容易だ。シャワーはリューマチや中風に効果があるだけでなく、体力を強化する、等々。

その手紙と同じ年の十一月、パリ大学医学部は、シャワーの効用を公的に認める。鉱水を用いればシャワーの効果は絶大であることが知られていたので、ポワトヴァンのやり方に従って、川の水に必要な物質を加えるだけでよかった。水治療の誕生である。それは、座骨神経痛やリューマチや腰痛など、あらゆる種類の病気を扱っていたアルベール水浴場で発達した。単なる水浴は三リーヴルで蒸気風呂は七リーヴル四スー、脱毛附きなら十二リーヴルだった。医師の処方さえあれば、組み合わせての入浴も可能だった。ルイ・セバスチャン・メルシエは、アルベール入浴場の贅沢ぶりを描いている。大理石でできた大きな浴槽は、四肢を自由に動かすことができたし、下から勢いよく噴出する水は浣腸の代わりにもなった。布がふんだんにあり、清潔で、寛ぎに満ち、仮眠をとることもできたこの施設については医師もしばしば言及した。入浴の正当性が急速に認められたのである。

ポワトヴァンの成功は入浴施設の評判を高め、名声は地方や外国にまで轟いた。一七八五年ポワトヴァンの未亡人はギニャールにあとを任せ、ギニャールはさらに店の発展に尽力した。パリ市長の要請に応えて、ギニャールは貧しい人びとのために四艘提供すると申し出た。アルベール側ではその計画に抗議したが、司法はギニャールに軍配をあげた。ギニャールは、四十の浴槽を備えた船をチュイルリー附近に、二十五を備えた船をヴォルテール河岸近くのテアタンの正面に係留した。ロワイヤル橋の下流に碇泊した船の三階部分に、十八の個室を設け、そのうち、十二室は貧しい病人に無料で開放。サン・ルイ島の尖端に停めた船には、十七の浴槽を準備した。こうして浸身浴の効用が認められてゆくに従い、それに関する著作も増え、多様化していった。

もはや入浴の有効性を証明する必要はなく、それぞれの入浴法に合わせたよりよい治療方法の検討がなされるようになった。ウルク川〔パリの北東を流れる。マルヌ川の支流〕沿いではあまたの入浴施設が造られ、パリでもその数が増えてゆく。一軒あたり、十五あまりの浴槽を備えていたが、なかにはもうすこし多いものもあった。最も浴槽の数が多かったのは、ヴィジエの店で、一七九九年に、百四十あった。一七八九年には、パリの入浴施設の数は十、浴槽は全部で三百になった。それは、レチフ・ド・ラ・ブルトンヌの散策の目的のひとつだった。

一七三四年に生まれた作家のレチフ・ド・ラ・ブルトンヌ〔一八〇六年死去〕は、一七八七年一月二十五日刊行の『パリの夜』で、一七六〇年にした散策のことを書いている。同書の第百八十六夜。レチフがセーヌ川の河岸で見た光景はこうだ。暑さをしのぐために、あまたの人びとがパリの船に集まっている。あらわな裸体も薄暗がりでよく見えない。女性たちさえ来ている。最初にレチフが入ったのはモーベール広場近くに男性用、ノートルダム附近に女性用の施設をもつ「グラン・ドゥグレ」水浴場。マリー橋の左右には、娼婦の入る個室の浴室、その少し遠くには混浴場があった。オルフェーヴル河岸の正面、オーギュスタン通りの附近でも、何人かの人びとが水に体を沈めていた。そこにあるのは、仮小屋みたいな粗末な代物で、一年に一度か二度利用されるだけだった。レチフはそうした施設が昼間開いていないことを非難している。太陽を浴びながら体を洗うこともできないではないか、とくに貧しい子どもたちは。それ以外の子どもたちは、レ・ザンファン・ド・クール公園の尖端にある専用の場所を使っていた。

しかし、入浴施設は増えたものの、パリは依然として不潔な都市だった。布の使用ですっかり衰頽した入浴を発展させる絶好の機会だったにもかかわらず、そうは考えない医師たちが少なくなかった。ジャカン神父は『万人に与うる健康の書』（一七六二年）のなかで、寝るときはごわごわした肌着をまとうべしと勧めている。肌の毛穴の汚れがとれ、汗をかきやすくするというのだ。彼は顔や手や足を繰返し洗うことを奨励しながら、全身をたびたび洗う効用については理解していない。入浴の利点を説きながらも、冬には入るべからずと主張するのである。人びとは、川での水浴は天気のいいときにときどきしたが、それ以外の季節では体の一部を洗うにとどまっていた。

教育が沐浴をほとんど奨励しなかったこと、子どもの頃に身についた悪習は大人になっても変わらなかったことは、言っておかなければならない。一七四六年、ビセートルのジャンセニストの学校に入ったレチフは、そこで厳格に組まれた時間を送ることになる。起床後、すぐにお祈り。それから酢を入れた水で口をすすぐ。何度か休憩と食事をとる以外は勉学で沐浴の時間はなかった。少年時代に仕込まれたこうした習慣を、レチフは終生変えることはなかったかに見える。万事に筆を費やす彼が、体を洗うことについてはほとんど触れていないのだ。それは日常の習慣ではなく、色恋に関する場合だけだったたろう。多くの人びとがそうであるように、レチフは体の部分を洗うだけで満足していた。彼は富裕層ではないにしても、貧しくはなかった。彼の家は、ノルマンディの恵まれた農家だったから、布はふんだんにあった。肌着を頻繁に替えることができたので、入浴の必要を感じていなかったと言ってもいい。当時、地方の家庭で、体を洗う習慣はまずなかった。水を使って衛生に気を配るというのは、長いあいだ、都会の産物であった。パリの女性は見かけ上でも地方の女性に優っていたと言えよう。

その一方で、カーンのオルヌ川沿いやローヌ川やガロンヌ川沿いでも水浴をするようになって、水浴は地方色が増していった。こうした新しい習慣を哲学者たちが推奨する。辞書や百科事典に、衛生に関する項目が採り上げられるようになった。身体鍛錬を勧める教育が、衛生学の発展と並行していったのは興味深い。エルヴェシウス〔フランスの哲学者。一七一五〜七一年〕は、死後出版された主著『人間論』(一七七二年)のなかで、学校教育に水泳を採り入れるよう、政府に求めている。エマヌエル・カント〔一七二四〜一八〇四年〕は、衛生と遊びと冷水浴と固いベッドを奨励した。産着やコルセットを排し、授乳の大切さを説いたカントは、踊ったり歌ったり、親とともに川を泳いで渡ったりする田舎の子どもをモデルにした田舎風の教育を提唱した。ドニ・ディドロも、健康を促進する方法として、衛生学に肩入れしている。そのように衛生を主張したのは、しかも彼らだけではなかった。

一七五一年から八〇年にかけて刊行された『百科全書』を繙《ひもと》けば、入浴に関する詳細な記述に出会う。マレ〔神学者。一七一三〜五五年〕の筆になる、家庭の風呂についての部分を要約してみる。金属の浴槽、鉛の導管、高い位置に置かれた貯水槽は、自然には雨、人工的にはポンプで一杯にする。浴室は、浸身浴のあと、必要な休息をとることができるように、寝室の近くに配される。体操をしやすいように、庭に繋がっている場合もままある。壁面には上塗り、金メッキ、フレスコ画などが施される豪奢な造り。風呂のある施設には、控えの間、休息用ベッドを置いた寝室、浴槽を置いた浴室、衣装部屋、化粧部屋、蒸気風呂室《エチユーヴ》（そこは衣類乾燥にも用いられた）、それに温水器が設置されている。浴槽やベッドが二つある場合も珍しくなかった。

「健康な入浴」は、マレによれば、全身浴でも部分浴でもよかった。熱ければ体は軟らかくなり、冷たければ引き締まる。鉱水を用いればある種の病気にはよく効く。湯が熱ければ熱いほど、浸透性は高まる。湿気は体を弛緩させ、体内に入って、心臓の収縮を促進し、血行を改善する。もちろん、いくつかの注意は必要である。浸身浴は、何も食べていない朝か、食事、それも一番大きな食事をしてしばらくしてからでないと入ってはいけないし、しかも入る前には刺絡と浣腸をする必要がある、というように。『フランス人の生活習慣は健康に如何なる影響を及ぼすか』（一七七二年）でマレは、同時代のフランス人が、狂ったように熱いものと冷たいものを避ける風潮について記し、そのような志向は体を脆弱にすると指摘している。そうした中途半端な軟弱さは、毒気《ヴアプール》（体液から生じ、頭痛や不快感を高めるものと考えられていた）がしだいに人びとを苦しめるようになったことに起因しているとマレは言う。ラ・ファイエット伯爵夫人は、セヴィニェ夫人に宛てた一六九一年の書翰で、彼女を苦しめるただ一つの病気として、この毒気のことを大いに嘆いている。入浴の奨励は焦眉の急となったのだ。

身体運動で疲労した際に入浴が勧められたとすれば、シャワーはさらに治療と密接に結びついていた。バレージュやブルボン・ラルシャンボーやプロンビエールなどの温泉地に人びとは通った。温泉の効能については、さまざまに語られたが、ルイ十四世の医師ヴァロは、国王があまりに温泉に過敏なので、温泉治療には行かぬように王に進言している。貴族たちはもっと大らかで、セヴィニェ夫人はヴィシーの温泉に通った。湯が出るパイプの下で専門の係からマッサージを受けることを不快に思っていたのに、それだけ通ったのは、夫人が温泉の効能を固く信じていたからに違いない。『百科全書』の刊行から間もない頃、ゲラン・ド・モンペリエは、全身浴、半身浴、蒸気浴、燻蒸浴といった医学的効果のあるあらゆる入浴を可能にする機械を発明した。温度や水に含まれる鉄分の量によって入浴は、個別の効果を発揮する。十七世紀後半、トーマス・ウィリス〔英国の解剖学者。一六二一〜七五年〕が若い娘に川での水浴をさせたのは、狂疾《フレネジー》の治療のためだった。

氷のように冷たい水浴を用いれば、そうした独特の浸身浴は、神経疾患の治療に効果的であった。『狂気の歴史――古典主義時代における』を書いたミシェル・フーコーは、精神障害が精神と肉体を、一方は乱調によって、一方は動かずにいるということで、どれほど屈服させてしまうかを説いている。彼によれば、そうした精神と肉体の隷属状態をなくすには、自然界のさまざまな活動に範をとった活動的治療が必要である。かくして身体活動と衛生学が、ともに治療効果を発揮するものとなる。体質を強化するということうした考え方は別段新しいものではないが、ずっと体系的に活用されるようになったのだ。病気によって反逆を起こした肉体を、エネルギッシュな医学の力で屈服させ、立て直さなければならなかった。

すでに中世において、躁病患者は水に沈めて治療していた。十七世紀には、ベルギーの著名な医師ジャン・バティスト・ヴァン・エルモン〔一五七七〜一六四四年〕は、少々乱暴で長時間の浸身浴を処方していた。躁病や鬱病、狂疾や痴愚の治療には冷水浴が用いられていたのである。自然の力を大切にする教育学の発展に伴い、水の持つ力が再認識されてゆく。沐浴は、穢れを清める儀礼という原初の役割を取り戻し、自然思想が水に関する言説を改善していったのだ。温度によって異なる水の効能について人びとは考えるようになる。身体の浸透性を高める暑さは毒である。悪徳と懦弱《だじゃく》は弾劾されなければならない。シャワーはそうした間隙を縫って発達した。強いシャワーは滓を押し流し、毛穴の通りをよくする。十八世紀末、シャラントンの施療院では、患者たちを腰掛けさせたまま、上から水をかけた。水治療とシャワーは十九世紀に発展を見せる。パリのサルペトリエール病院では、入浴とシャワーと撒水がたくみに組み合わされていた。

ヴォルテールと同じく、人びとの衰弱化を嘆いていたディドロも、当時流行した自然思想を信奉していた。そうした新しい思想の代弁者の一人、英国のジョン・ロック〔一六三二〜一七〇四年〕の『子どもの教育について』〔一六九三年〕は、たちまち、教育論の規範となった。経験主義者ロックは、個々の幸福を、人間が知的にも身体的にも完全に自己実現を果たすことと無縁ではありえないと考えていた。また、合理主義者でもあったから、子どもたちの能力は、冷水で体を洗って引き締めることで伸びるとも考えていた。ロックの教育論では、遊びと日々の衛生法と水泳が結びつけられていた。生まれたら間髪をおかず、葡萄酒を入れた微温湯《ぬるまゆ》で赤ん坊を洗わなくてはならない。それからだんだんに冷たい水を使った沐浴に慣れさせ、そののち、生涯を通じて清潔に対する鋭敏な感覚を保つように注意することが肝要なのだ。ロックの影響は広汎で、ルソーにも及んだ。ルソーはそれで『エミール』を書き、今度はその影響で数々の教育論が生まれた。それらの書物にはルソーの考えに賛同するものもあれば反対の立場で書かれたものもある。だが、いずれにしても、後世がルソーをそのようにして引き継いでいったのは確かなことであろう。『エミール』以後、衛生学の中心は一挙にスイスに移った感がある。川を泳いで渡り、子どもをぞんざいに育てる良き野蛮人の神話は、新しい禁欲を求める著者たちに霊感を与えたのだ。プロテスタントの厳格さも、冷たい水に対する志向をいっそう高めたと言える。

ジュネーヴの医師ジャック・バレクセール〔一七二六〜七四年〕は、『誕生から思春期までの子どもの身体的教育について』〔一七六二年〕で、産着を厳しく弾劾し、子どもを地面で遊ばせるアフリカの女たちの放任主義を称揚している。バレクセールがしばしば引用している、やはりスイスの著名な医師シモン・アンドレ・ティソ〔一七二八〜九七年〕の主著『健康について人びとに告ぐ』はその前年、一七六一年に出版された。バレクセールと同様に、自然を生かした衛生法と生活習慣を重要視していたティソは、母親は毎日赤ん坊を水に浸けることが必要であると口を酸っぱくして説いている。『感情の影響について』〔一七九八年〕では、怒りの結果としての眩暈や嘔吐や吐き気のほか、哀しみや悲痛を癒すには微温湯《ぬるまゆ》、神経疾患には冷水浴とその後の、乾いたフランネルを用いた摩擦が有効だとしている。ぬるい湯を用いた入浴は体に水気を与えるに欠かせず、冷水、ときには氷を入れた冷水浴は、活力を与えるによろしい。あまりに熱い湯に身を浸すと、都会の女性にありがちな病気、卒中や水腫や毒気や心気症《ヒポコンドリー》を引き起こすから禁物。ポム博士と同じように、ティソも、鬱病や躁病、しつこい偏頭痛やある種の精神異常の治療に海水浴を用いた。

ドイツでは、身体教育は慈善家の手を借りて、文学的孤立状態から抜け出した。ヨハン・ベルンハルト・バセドウ〔ルソーを信奉したドイツの教育家。一七二三〜九〇年〕は、学校教育に、身体鍛錬と手仕事と衛生法を導入させた。彼は、身体教育を重視していたレオポルト・フォン・アンハルト・デッサウ大公〔一七四〇〜一八一七年〕の支援を得て、一七七四年に、慈善施設を設立する。そこでバセドウが最初に実行したのが、自然の力を生かした教育だった。寄宿生に、いつでも体操をするように仕向けたばかりでなく、定期的に入浴することを勧め、身体にとって好ましい習慣を身につけさせたのである。バセドウとともに指導に当たっていたグッツ・ムトスはバセドウの刺戟を受けて、水泳教育を発展させた。グッツ・ムトスは道徳家でもあったので、同時代の風俗の懦弱《だじゃく》を批判。彼の体操、いわゆる「体操術《トゥルンクンスト》」には、運動、戸外での鍛錬、食餌療法によって身体を慈しむ意味が含まれていた。

ドイツでは、衛生学者の言説は依然として痛烈だった。プロイセン国王附き筆頭医師・評定官として活躍した内科医クリストフ・ヴィルヘルム・フーフェラント〔一七六二〜一八三六年〕は、一七九六年ドイツで出版した『長寿食餌法あるいは人間の寿命を延ばす法』のなかで、人間の精神と肉体の自己改善能力について述べている。著者は歴史を振り返り、入浴や摩擦や運動の効能を強調し、一八〇〇年にフランクフルトで刊行した『子どもの身体鍛錬の最重要事項に関して母親たちに説く』の序文では子どもの魂と肉体の均衡と調和をはかること、身体的かつ知的な能力を保つことを奨励する。善良なる医師だった彼は、新生児が入れられる一種の温室を追放し、ごく幼いうちから子どもたちを新鮮な大気と清潔さに慣れさせることを主張した。冷水浴を勧める一方で、フーフェラントは微温湯《ぬるまゆ》に関して新しい考察を展開する。

健康を長く保つには、清潔が欠かせないとフーフェラントは考える。ところで、彼の同時代人は入浴を毛嫌いしていた。フーフェラントは彼らの習癖を変えようとする。すなわち、頻繁に肌着を替える。

毎日、冷たい水で体を洗う。週に一度、もし運動をするなら毎日、入浴する、というふうに。公共の入浴施設の必要性も力説した。ある種の病気の治療には、ないしは単にもっと健康になるためにでもいいのだが、海水に身を浸すことを勧めた。清潔は必要不可欠なものになり、水を温めるという発想も力を得る。健康はもはや快楽と切り離されたものではなく、著述家も、愉しさに溢れる、適度な、それでいて有効な衛生法の論陣を張るようになった。

さりながら、少なくとも地方では、衛生学者の熱弁は馬の耳に念仏だった。ただ裕福な家族だけが毎日入浴をし、産着を使わなくなっただけである。子どもの体を締めつける窮屈な産着は広く使用されていた。それも着のみ着のままだったから、乳児の清潔は疑わしかった。一七六〇年から七〇年にかけて、出産や授乳、子どもの教育に関する著作が相次いで出版されるが、それを受け入れたのは、一部の教養ある階層だけだった。元騎兵隊附き神父だったコワイエ師が、男性はしだいに座って過ごすようになり、女性は安楽を求めて懶惰《らんだ》になり、子どもは勉強を強制されて何日も、椅子に座ったままですごすようになった風潮を嘆いたのは一七七〇年のことである。かような悪しき習慣をとりあえず矯正するために、師は原始的な自然の生活をするように勧めた。上流社会で甘やかされた子どもと、野蛮人のごとく生き、木によじ登り、なじみ深い自然のなかを自由に歩き回り、川に飛び込む子どもを対比させた師の言葉は、まったく無視されたわけではないにしても、さしたる効果を発揮したわけでもなかった。

世紀末になっても、人口の半分は依然として体を洗わなかった。入浴は例外的であり、何らかの健康法や清潔習慣に附随するものだった。それは冬にはあり得なかった。王妃の侍女だったカンパン夫人の回想録によれば、冬は足浴で間に合わせていたという。医師にして生理学者だったピエール・ルーセル博士〔一七四四〜一八〇二年〕は、『家庭の医学』（一七九二年）のなかで、癩病予防のために注意すべきことを守りつつ肌着を替えること、健康を保つために必要な諸注意を遵守しながら熱い風呂に入ることを説いているが、衛生学については何も触れていない。それでも、十八世紀には、清潔思想は広がりを見せたのであった。少なくとも上流社会ではという条件をつけたとしても。

Ⅲ　個人の入浴と集団の入浴

ボナック侯爵夫人は浴槽を持っていたが、それは、グルネル通りの彼女の庭園の温室に置かれていた。浴槽は贅沢な家具として陳列されていたのである。浴槽を持っていたのはわずか三パーセントの家庭にすぎなかった。精製した銅で作られ、給水槽と水栓の附いた浴槽は、よほど裕福な層でないと買うことはできなかった。腰をかけて使う、より小型の亜鉛製の浴槽もあった。どちらにせよ、浴槽を買ったのは、衛生学に詳しい医師か、貴族だけにとどまっていた。しかも、水をどう供給するかという困難な問題があったために、実際に浴槽を利用することは相変わらず難しかったのである。

一七五〇年、三十三の個人邸にわずか五つしかなかった浴室は、一八〇一年には、一七七〇年以来建てられた六十六の邸宅に二十という数になっていた。とはいえ、贅沢な品であったことに変わりない。フォーブール・サン・トノレにあった、ヴェルジュ邸の浴槽は、白黒の碁盤模様に、格子模様の柱形装飾《ピラーストル》の附いたものだった。それは、フレスコ画で飾られた壁龕に置かれ、三個の給水槽から水を入れるようになっていた。水を入れる水栓は銅製だった。ボヘミアンガラスの大窓から光が差し込んでいた。アンジュー通りのヴォヴィヌー伯爵邸の浴室は、周囲に大理石と陶器と木材が配され、快楽に花を添えた。贅沢と逸楽が、当時は珍しかった入浴を彩っていたのである。これらの浴室を造った建築家は、夏のあいだも使われることを考え、爽やかさが消えないように心を配った。個人用の風呂は、かくして自然の水浴の代用となった。

一七七六年、科学アカデミーのミリー伯爵は、機械による浴槽のアイデアを披露した。機械で攪拌された水に身を浸せば、単に室内の風呂に入っているにすぎないのに、川で泳いでいるかのごとき印象をもてるというのだ。同時代のカステル・ド・サン・ピエールが、あまりに人びとが出不精なので、車の車輪の動きを模した「振動椅子《トレムスワール》」なる器械を作ったように、ミリー伯爵は、そうした動きに水のもつ力をつけ足したのである。

公衆衛生の概念は、兵士とともに発達した。サン・ジェルマン伯爵は、軍事学校を改革し、一七七六年に冷水による洗身《ラヴァージュ》を導入する。しかし、『軍人の健康規範』（一七七五年）を書いたコロンビエ博士は、兵士の清潔は強調し、軍人たる者週に二回は肌着を、週に一度は長靴下を替えるべしと言いながら、入浴については言及していない。公衆衛生の概念が発達するのは、実際ほんのわずかずつであった。

ルイ・ル・グラン中学では生徒用に盥が備えつけられていたが、それは生徒が足を洗うためで、他の用途はいっさい考えられていなかった。ジャン・ヴェルディエは進歩的な教育者・医師で、高級官僚のための施設を造る傍ら、みずからの考えを広めるために論文を発表した。『国家の要職に就き社会の名士になるべく定められた生徒のための教育論』である。そこで彼は、生徒の衣服と清潔に注意しながら、最も基礎的な衛生規範を展開している。教育的観点から、ヴェルディエは川での水浴と水泳を奨励した。かくして水泳というスポーツは、新たな発展をみる。水泳は中学の身体訓練に採り入れられ、その習得を容易に進めるための論文があまた書かれるようになった。ブルターニュ高等法院の国王附き検事総長だったルネ・ド・カラドゥー・ド・ラ・シャロテ（一七〇一～八五年）も教育に多大の関心を寄せ、『国家教育について、あるいは青年のための教育構想』のなかで、ティソの方法を推薦している。ディドロも同様に、同時代の教育に注意を払った一人である。彼の考えは、身体鍛錬と健全な生活習慣に重きを置くというもので、それは言葉を換えれば、魂と肉体をともに育て、子どもの持つ優しさと繊細さのバランスをはかるために、運動を採り入れるということであった。

十八世紀末、衛生思想は発達を遂げ、共同水浴場が一般化した。それは樅の木でできた船で、「曳船場《トゥー》」ないし「網代船《ゴール》」と呼ばれた。水浴をする客は、船体の外側に下げられた梯子をすべるように降りて、川での水浴を愉しむ。四方は杭で区切られていた。杭は川底に打ち込まれ、身の支えにもなった。「網代船《ゴール》」は、むしろ板でできた小屋と言ったほうがいい代物で、川の流れの中心に係留されていた。客たちが恥ずかしい思いをしないように、水浴場にはシートがかけられ、そのなかでのみ水浴ができた。混浴は禁じられており、違反者は告発された。公序良俗の観点から、女性客は船頭の妻が誘導した。「理髪師・鬘師・風呂屋・蒸気風呂屋」の組合は、大革命時、まだ機能していた。そこに加盟していたのは九百七十二店舗である。公衆衛生は革命期にも認められ、それを保つためにさまざまな予防措置がとられた。一七七八年、ペリエ兄弟が蒸気ポンプを二基設置して、パリの家庭の水をまかなえるようにした。一基は右岸のシャイヨー丘に、もう一基は左岸のグロ・カイユーに置かれた。

ルソー主義と衛生学の世紀だった十八世紀は、ドイツで最初の体操協会がバセドウの肝煎《い》りで作られた時代でもあり、子どもの教育に関する教育論があまた書かれた時代でもあった。自制心を奨励する革命期の思考が身体運動と、公的私的を問わない衛生学を通じて形成されていったと言うことも可能だろう。

第五章　十九世紀

十七世紀末、ウーシュ川〔ディジョンを流れる川〕に、女性専用の入浴施設があった。ブラシエなる男が、この川沿いに、まずは入浴と水浴のできる二つの小屋を建てる。冷水浴は二十スー、湯のほうは三十スーで、夕方以降はプラス十スー、休憩とスープのサービスが附くとプラス三リーヴルだった。その二年後、ブラシエは、女性専用のテント張りの小屋を建てた。一八〇一年、ジャック・アンドレ・ミヨ〔一七三三～一八一一年〕は、子どもが背に応じて身を浸けることができる、階段状の円形施設を考案する。ルイ十八世の侍医だったミヨは、人類のいっそうの向上を目指していたから、清潔を道徳のひとつの規範とした。一八三二年、パリには、七十八軒の風呂があった。浴槽は二千三百七十二個。移動式浴槽は千五十九個である。一八六一年には風呂は百七軒に増え、一八八〇年には、フランス・ハンマーム株式会社が誕生した。革命思想が人びとに浸透していた時代である。垢は消えたわけではなかったから、垢の正しい除去法を早急に見つける必要があった。国家を強くしなくてはならない。革命の理想は思想だけでなく、肉体をも純化することを望んだ。ロベスピエール風の厳格主義が、冷水をはじめ、冷たさということに関する、いわば象徴体系を前面に押し出したのである。

　医師たちは依然として、水の密度が身体表面を圧迫し、入浴時間が、皮膚の吸収を左右すると考えていた。デュリオー博士は、二十二度から二十五度の湯温だと、皮膚は十五分間で十六グラムの水を吸収すると考えた。それゆえ、熱い風呂はリューマチとか熱とかコレラなどの治療に限って、あとは冷水浴を推進しなくてはならない。英国エディンバラのある医師は、飲むにしろかぶるにしろ冷水には効用があると主張した。その著『実践医学初歩』は十八世紀末に英国で出版され、一八一九年に仏訳されている。カレンという名のその医師は、熱が下がらないときには、湯を使った沐浴を推奨したが、湯に全身を浸す危険性についても指摘している。全身浴より、足浴ないしは脚浴《ペディリューヴ》というわけだ。生気論者〔生気論は一七五〇年バルドゥーらが提唱。個々人には「活力要素」が備わっているとした〕は自然環境に関係する冷たさという考えを発展させ、経験主義者は、部位に応じたシャワーを用いた。オーストリア、グラーエフェンベルクの医師、ヴィンセンツ・プリースニッツは、湿らせた肌着で包み、毛布を掛けて大量の汗を流させたあとに冷水浴をさせた。そのあとに散歩とシャワー。この方法は、十九世紀初頭、多くの医師に影響を与えた。フランスでは、ナポレオン三世の侍医ルイ・フルーリ博士が、さまざまな方向から身体に水を噴射する方法を採用して、慢性胃炎や胃痛、心気症《ヒポコンドリー》の患者を治療した。彼は一八五二年に、『水治療の理論と実際』を出版している。生気論者の衛生法が予防法にとどまっていたのに対し、経験主義者の衛生法は治療にまで踏み込んだものであった。こうした潮流は、その後避けて通れないテーマに対して人びとが考えはじめた証左と言えよう。ただし、それは最初、都会に限られていた。

十九世紀は衛生学が広がり、都市改良が進んだ世紀である。清潔はブルジョワジーや高級娼婦の特性となった。パリの建物に水の設備が配されたのは右岸が最初で、左岸はその十年後のことである。毎日沐浴をするには、ある種の教育と人に好感を持たれたいという気持、それに時間の余裕が必要だった。長いあいだ、厳しさこそがモラルであったから、入浴など懶惰《らんだ》のしるしと思われたのである。大都市でも人びとはそそくさと体を洗うだけだった。一八二二年に出したパリの入浴に関する著作で、キュイザンは、彼の祖母は五十歳になるまで一度も浴槽に入ったことがなかったと記している。

清潔は敬して遠ざけるものであり、ブルジョワにとって外見上の幻想となった。糊の利いた衣装、気取った女性の衣服にふさわしいのは、淫蕩さを醸しだす浸身浴ではなく、身体的厳格さであった。大革命は女性の肉体を解放したが、帝政時代は、再び抑圧に回った。十九世紀の最初の頃から、胴体はまた締めつけられ、清潔さはコルセットに閉じこめられた。入浴は、リアーヌ・ド・プジー〔一八七〇〜一九五〇年。ナタリーとの同性愛でスキャンダルを起こし、高級娼婦として知られた。のち、ルーマニア皇太子と結婚〕やその同性愛の相手ナタリー・バーニー〔一八八八年、十二歳のときに、浴槽の水栓から出る水で快楽を味わったと言われる）のように、スキャンダラスな女性の専売特許でしかなかった。体の手入れをしすぎるのは倒錯的で、入浴は週に一度がよろしいとされた。医師のパラン・デュシャトレ〔一七九〇～一八三六年〕は、毎日の入浴を厳しく攻撃した。沐浴はたいていの場合、部分浴で、とくに足浴が推奨された。寄宿生のために書かれた『完璧なる令嬢』（一八二五年）のなかで、著者のカルチエ・ヴァンションは、若い女性には道徳教育が不可欠であると長広舌をふるいながら、身だしなみについてはけっして語ろうとはしない。とはいえ、衛生が健康に役に立つという考えはしだいに発展し、ナポレオン三世の出現とともに、その進歩は顕著になった。

恥ずべきものという発想が消えたわけではないにせよ、衛生学は十九世紀末に、ようやく確かな地歩を占めた。それは余暇が増えたことと関係している。デンマークのヨハネス・ペーター・ミュラー（一八六六年生まれ）は鯨のひげ《バレーヌ》〔コルセットの心《しん》〕の濫用と当時の女性の美意識を弾劾し、女性用のリズム体操を推進した。彼は摩擦の必要性も忘れていなかった。フランスでは、病気は治療行為を通じて、政治の問題になった。新しい衛生学の尖兵として、社会改良のなかに組み込まれたのである。一八七〇年、独仏戦争の敗北が、衛生法と身体鍛錬によって市民を強くしたいという革命時の理想をいっそう強固なものにした。個人の清潔は、社会的な動機と結びつく。国家は市民の垢を何とかしようと考え、消毒を広め、風俗を立て直そうとする。

それに合わせるかのように、清潔好きな家庭の主婦が登場し、家中を磨き上げ、召使いや女中が清潔かどうかに注意を払うようになる。二階の小部屋で、彼らはあたふたと体を洗った。衛生法は尊重すべきものとなったが、まだ外面的で、しばしば体の表面だけにとどまった。十九世紀は逆説的世紀である。公衆衛生という道をたどることが却って不潔さを招来することもあったのだ。美容に関する書物がどっと出回るようになる。オーギュスト・ドベイ〔一八〇二年生まれの作家。衛生や健康関係の著述多し〕は、一八四五年に出した本で、冷水浴はでっぷりとぶよぶよした体の刺戟剤となること、毎日の入浴は、微温湯《ぬるまゆ》を用いた半身浴か沐浴にすることを奨励したうえで、つぶしたフランボワーズか苺、タイム、サルビア、ローズマリーを入れる風呂について縷々《るる》説明している。英国渡来のダンディズムが衛生法の発展に力を貸した。バルベー・ドールヴィイは、毎日風呂に入り、身繕いをした。

十八世紀に病気はすでに病院のなかだけに閉じこめられるものではなくなった。それと同様に、十九世紀には、衛生法は、すでに特権階級の持ち物ではなくなり、万人に通用する健康的な生活という、誰もがもつ意識のうちに入り込んでいった。アングルが一八八〇年に描いた《ヴァルパンソンの浴女》〔ルーヴル美術館〕はその具体例である。一八三一年には、パリに二千以上の浴槽があった。入浴はしだいに、みずからの体の線に対する欲求に支えられたナルシシズム的要素に彩られるようになる。風呂に入ることは、清潔さを求めるという以上の意味をもつ行為となった。人びとの肉体が背負わされたものを明らかにする必要があったのである。

I　十九世紀の衛生法と羞恥心

プライベートな浴室が登場する。衛生法は、健康と医学と美容の附随物になる。パリゼ夫人〔エチエンヌ。一七七〇～一八四七年。医師・作家〕は、一八二一年に出した『家庭の主婦の心得』の改訂版を出版。一八五二年から一九一三年まで版を重ね、この種の文藝ジャンルではロングセラーとして成功を収めた。読書、ピアノ、女中や召使いの給金支払い、家を清潔に保ち、家人を清潔にする。これが主婦の一日を規則正しくする。主婦は早起きをして、子どもが顔を洗うのを手助けする。子どもの清潔はそれで充分。

一八三三年に、エリザベート・ベール・ムイヤール、通称セルナール夫人がパリで出版した『貴婦人の手引き、あるいは優雅になる法』には、化粧品や香水の使用法と効能、髪型の調え方、コルセットの選び方などがつぶさに記されているが、入浴についてははっきりした言及がない。一八九一年、スタッフ男爵夫人は、化粧室こそ女性の聖域だとし、衛生法を持ち上げて、毎日、冷水か微温湯《ぬるまゆ》をたっぷり使って沐浴すれば、健康にもよく、美しさも保たれると主張した。ブランシュ・ド・ジェリーは、『お洒落と衛生の実践読本』で、体をいたわり、活力を与えてくれる風呂を推奨したが、アルク伯爵夫人は、毎日の入浴を斥けている。一八七〇年以降に書かれたもろもろの礼儀作法の本（たとえばバッサンヴィル伯爵夫人やジャンセ伯爵夫人）のおかげで、全身浴が普及する。オクターヴ・ミルボーは、『小間使いの日記』（一九〇〇年）で、新しい女中を風呂に入れ、使い方を教えるタルヌ夫人の入浴法をからかうような筆致で描いている。

異国趣味の流行に伴って、トルコ風風呂がフランスに入ってくる。それを描いたのがアングルである。一八一二年に描かれたその絵は、アングルの代表作の一つと目されるだけでなく、そののち流行する愉しみを図像化している。清潔でなければならない。かような新しい義務を遂行するには、熱い湯があればいい。だが淫蕩を招来しかねない温かい湯は依然として警戒されていた。長時間の沐浴は禁物とされた。ジャンセ伯爵夫人は浴槽よりも行水用盥《チュブ》を好み、スタッフ男爵夫人は湯に浸かるよりスポンジで体を洗うことをよしとした。熱い湯は神経を苛立たせるというので、冷水を好む人びとが多かった。マレーズ夫人は、今で言うキャリアウーマンで熱心な衛生学信奉者だった。彼女はティソの理論の正しさを信じ、それを皆に言いふらした。と言っても、自分がそれを実践したわけではない。彼女は一年に数回しか入浴しなかったからである。新しい衛生学は、皮膚の毛穴を詰まらせる垢を攻撃したが、と言って、水は相変わらず白眼視されていたのだ。水を多用すれば、女性は不妊症になりかねない。水の取り扱いには細心の注意が求められていた。

水が身体に及ぼす影響については多くの医師たちが論文を発表している。ビュシェ博士とトレラ博士によれば、十八度以下の冷水浴は体に活力を与え、鼓動をおさえ、血行をよくする。手足のしびれや偏頭痛といった不調は、入浴後に解消する。水から力をもらった感じになるのである。ただ、老人や弱った人びとや子どもは急激な温度変化でショックを受ける危険があるので、入浴前に、適度な運動をして、顔にローションを塗る。微温湯《ぬるまゆ》の入浴は、幸福感をもたらし、休息と眠りに誘う。ただし、体を弱めるという欠点がある。三十四度の熱い風呂は、発汗作用を促すが、食欲と筋力を減じる。きわめて熱いか冷たいか、具体的には、四十二度以上か五度で入る風呂は、もはや衛生学の範疇を越える。それだけ熱い風呂は、気候条件が厳しい北方の国々でなら考えられる。体熱を高くして、寒さに強くするからである。部分浴でも清潔は得られるが、衣服を頻繁に替える場合は意味がない。熱い湯の浸身浴は、工場で働く人びとにはとくに必要である。衛生学の観念は、身体活動に結びつき、清潔の観念は、運動によって生じた汚れを落とすということに繋がってゆく。出不精の人びとには、運動とマッサージが有効である。十九世紀末になっても、マルタン博士は、肌着を替え、毎日、手と顔を洗い、口をすすぐことを奨励していたし、ピニョ博士は、古代に入浴が流行ったのは、布がなかったからだと主張していた。

一八二八年、ヴィレイ博士は、風呂に浸かりすぎると神経過敏になること、疥癬や虱は沐浴をしないことが原因であることを説いたが、衛生学的なアドバイスはほとんどしなかった。ビューロー＝リオフレイの主張もそれと大差ない。この医師は若い娘の健康を考え、夏には水泳と水浴をするように勧めた。夏以外の季節には、肌着を替えれば、自然に擦れて、皮膚の分泌物を吸収してくれるので、清潔を保つことができる。入浴は、肌着を滅多に替えない者に必要なだけである。ビューロー＝リオフレイは、水が美容にいいことを認めていたが、とくに熱いと危険度が増す入浴を若い娘が繰り返すこと（その場合は、医師の厳重な監視が必要である）は、身体を脆弱にするおそれがあると考えていた。彼はマッサージや摩擦を好み、冷水浴は神経症の女性だけに限っていた。ロンド博士はそれより進歩主義的であり、『衛生学の新しい基礎』（一八三八年）のなかで、冷水浴の強壮剤的効能を説き、水泳を通じてそこに運動の要素を加えることをしきりに奨励した。

十九世紀の最初から、健康を促進するものとして入浴を勧め、個人の肉体の清潔が都市の清潔に結びつくと主張した『衛生年鑑』のような書物がいくつも出ていたにもかかわらず、入浴は、久しいあいだ、個人的かつ例外的なものにとどまっていた。浅くて大きい盥、いわゆる「英国のタブ」（チュブ）であれば、簡単な入浴が可能だったが、それでもさまざま注意を喚起する医師がいた。たとえばベニバルド医師は、水をかける前に、十五分から二十分、額を湿らせなくてはいけないと言っていたし、たとえ、汚れのせいで皮膚の毛穴がふさがるのだとしても、水の多用は女性を不妊症にするおそれがあると主張する医師もあとを絶たなかった。ドガの化粧をする女風の、あるいはルノワールの入浴する女風の女性は滅多にいなかったのだ。長いあいだ危険だと言われてきたシャワーは、医学の分野に限られ、風呂に毎日入るケースは稀で、たいていは週単位だった。入浴後は休息と軽食が望ましいとされた。ジャンセ伯爵夫人は、頻繁に行なわれる衛生習慣というより、治療の一環でもあるかのように、入浴に関する諸注意を掲げている。湯の温度、身を浸している時間、それらに気を配らない女性は必ず病気になる。湯温はけっして高すぎてはいけないし、時間は長すぎてはならない。こうした、いつまでも消えない警戒心が、入浴を危険なものと考える風潮を長引かせたのである。

Ⅱ 衛生の個人化と大衆化

自分の美貌を信じるがゆえに、規則正しく衛生習慣を繰り返す。衛生習慣があるからこそ、専用の施設が必要になる。オーストリアのエリザベート皇后は、三十歳の女性はぶくぶく太って当たり前という当時の考え方とはまったく違う理想を持っていた。彼女は生涯、引き締まって活力に溢れる肉体のまま、痩身とつやつやした肌を保ちたいと思っていたのである。とりわけ彼女が望んだのは、自然のまま、本来のままを保つということだった。彼女の望みは、厳格な衛生法を駆使して初めて叶った。起床は夜明けで直ちに、冷水浴とマッサージ。それから身体鍛錬。オーフェンでもゲデッレでもジッシでも、自分が赴くところでは、健康のための施設と体操室は必ず造らせた。生涯を通じてエリザベートは寒冷浴《バン・グラセ》を励行した。

しかし、これはかなり例外的だったと言っていい。ヨーロッパのエリートたちは外見に心を砕いていたからである。一八三〇年から一九一四年にかけて、女性はあまたの肌着に身を隠していたから、衛生法も複雑になった。手と顔は毎日洗う。足浴は毎週。全身浴はしばしば月に一度。とはいえ、一八三〇年以降は、富裕な個人邸には浴室を備えたものがほとんどになる。ただし、パリのすべての建物の全階に水が通るようになるには、一八六五年を待たなくてはならなかった。浴室が他の部屋と独立したのが一八八〇年以後という建物もかなりあった。賃貸風呂しかないという恵まれない者たちもいた。一八一九年以来、パリの町を水売りが銅製の折り畳み式の浴槽をかついで、売り歩く姿が見られた。それを商売にしたのはヴァレットという男だった。彼は、モンマルトル界隈に店を構えていたジャン・バティスト・レピノワの、折り畳み式の浴槽と保温式の桶のアイデアをちゃっかり頂戴したのだった。排水は窓から、一八三〇年には、汲み取り式便所の便槽に、というケースが見られたが、いずれも不都合な点がなくはなかった。一回水を買うと、家族全員がその恩恵に浴した。一八三二年には六十八の会社が、千以上の家庭用浴槽を製造した。

経済的理由から、灌水浴《バン・ドゥーシュ》が広まってゆく。十九世紀なかば、最初にそれを称揚したのはヴィギエである。スポーツの推進者も衛生学の信奉者も、ともにそれを受け入れる。そうした発展から、遊びの要素、スポーツの要素、浸身浴の要素を兼ね備えた奇妙な器械が発明された。一八九九年の『ルヴュ・ユニヴェルセル』誌に載ったもので、可動式浴槽と言ったらいいか。軸を中心にしてぐるぐる回転する浴槽やもっと複雑なメカニズムによって動く浴槽。小さな車輪の上に浴槽が置かれ、ロープで牽引するタイプ。バネの上でぐらぐら揺れる浴槽。浸身浴とシャワーの二つの愉しみを合体させたものなどなど。一八七五年以降、富裕な家庭は電気湯沸かし器を設置するようになる。それほど裕福でない家庭でも、世紀末に発明された「ペダル・シャワー《ヴエロ・ドゥーシュ》」を備えるところも出てきた。ペダルを漕ぐと、水が吸い上げられ、頭から撒水されるというもので、スポーツと衛生法の愉しみをともに味わうことができた。

そもそも灌水浴《バン・ドゥーシュ》はドイツから入ってきた。最初は工場や兵舎や学校で、ついで民間で使われるようになった。刑務所の病気予防という考えが発達し、それが公民精神という考えに重ねられて、シャワーの普及に繋がった面もある。十九世紀最後の二十五年間、それはしだいに注目されていった。マチューが発明したシャワー、圧縮空気で、貯水槽の水を霧のように振りまいたり、勢いよく噴出したりするシャワーは、身体鍛錬の場にとどまっていたプールをはるかに凌駕することとなった。最初の灌水浴《バン・ドゥーシュ》施設はボルドーで開業。以後、経済的観念や労働者階級至上主義もあって、フランス全土に広まった。民間の主導で、それは公共のものとなった。進歩的な地方自治体もその設置に努めるようになる。

一八九八年三月、パリ安価灌水浴《バン・ドゥーシュ》活動財団が産声を上げる。安価で提供するということで、大成功を博し、二人の技師と建築会社一社が、小さな入浴施設小屋を造りたいと申し出た。かくして、一八九九年、五つの小部屋の附いた「個室シャワー《キョスク・ドゥーシュ》」が初めて登場する。それは衛生学の大衆化に寄与した。二十世紀初頭の新聞広告には、肩に載せて使う「ネックレス・シャワー《コリエ・ドゥーシュ》」、どこにでも設置できる「旅行用シャワー」などが載っている。十九世紀末、ジュール・ロシャール博士は、英国の学生寮に盥が備えつけられているように、中学にシャワー設備を施すよう主張した。経済的で時間もかからず、衛生的で毛穴も詰まらないシャワーは、浸身浴を警戒していた医師たちにも好評だった。身体教育が発達を見せ、体を鍛える沐浴という考えから、エネルギッシュな教育方法が考案されてゆくことになる。

モンペリエ大学医学部衛生学教授ジャン・バティスト・フォンサグリーヴは、女性を寒がりにする軟弱な女子教育に異を唱え、『母親が自身の健康を管理し促進する法』（一八六九年）を書く。懦弱《だじゃく》は不潔と密接な関係があり、悪徳は衛生管理の欠如と深い関係にあるというのが彼の考えだった。『治療に生かす体操』を書いたナポレオン・レネは、摩擦とマッサージに再び脚光を当て、イジドール・ブルドン博士は、十六歳から二十歳までの女性に向けた『公衆衛生の概念』（一八四四年）のなかで、出不精の人びとに入浴を勧めている。

医師たちは概して、浸身浴は皮膚病の予防になると考えていた。ただし、それは発汗がとまり、食事のあと消化がなされてから、体が休んでいるときにすべきものとされた。二十五度から三十度のぬるい湯は体を休ませ、日を浴びても大丈夫な体にする。三十五度から四十度の熱い湯は老人か病人用。十度から二十度の冷たい水は体を引き締める。ブルドン博士は、曇天のときは川での水浴を禁じた。彼は、皮膚の劣化には硫黄の入った熱い湯、頭痛には五十度くらいの湯を入れた脚浴槽《ペディリューヴ》、体のどこかが痛いときは座浴を用いて治療した。体の弱い女性の場合は、浸身浴の代わりにローションを使った。シャワーは神経痛の患者、蒸気浴はリュウマチ患者、筋肉痛には摩擦を処方した。

世紀末、医学関係の著述が次々と出版された。フォワサック博士の『人間の長寿について』(一八七三年)では、入浴とローションと洗身を用いて体を清潔に保つこと、若々しい顔色と皮膚の柔軟性を保つことが強調されている。博士は、暑い国々で欠かせないことはフランスでも必要だと考えていた。十五度から二十度の冷水浴は、心身を穏やかにし、強くするが、子どもや老人や体の弱い人は長時間入ってはいけない。適度な利用法をもってすれば、冷水浴は、ある種の病気を治し、活力を与える。年配の患者の場合は、摩擦が疲れを癒す。

スポーツと清潔を結びつけるために、プールの水を温めるという発想が生まれた。衛生法がいち早く発達したドイツでは、両端に穴を空けて、水の交換を楽にする浴槽が考えられていたが、ベルリンのランゲンベック博士は、微温湯《ぬるまゆ》に長時間身を浸すという処方をとっていた。P・クリストマンはシャトー・ランドン通りの土地の権利を買い、そこに、水温二十五度、収容人数三百人のプールを建設した。衛生と保養のためのこうした施設がパリのあちらこちらに造られてゆく。プールは、体を清潔にするという発想から生まれた共同浴場の再現だったと言っていい。オーステルリッツ駅大通りのプールは、附近の工場から水の供給を受けて、一八八六年開業。ドライな発汗室《エチユーヴ》と蒸気風呂《エチユーヴ》、シャワー室二室、トイレ附き一室があった。週の初めは子ども専用。金曜の夕方は女性用と決まっていた。これが大成功だった。

パリの裕福なブルジョワの住む界隈に、入浴施設が造られる。といっても、日常的に通う人はまだ少なかった。一七九〇年八月二十四日の法律の焼き直しである、一八八四年四月五日公布の法律は、公衆衛生のために、関係省庁が入浴客の安全と施設の快適性を監督することを定めている。大通りにあったチャイナ風風呂のように贅をこらした施設では、尋常のサービスだけではなく、タオルを貸し出し、休憩室や、ときには女性用個室まで用意していた。白いシーツが浴槽の底に敷かれ、水には香水が振りまかれていた店もある。新聞を読んでゆっくりする場合もあった。料金の高いこれらの施設を利用するのは、ふりの客や旅行者だった。前にも紹介したアメリカ人旅行者アイザック・アップルトン・ジューエットは、軽いスポンジ、熱いタオル、マッサージといったサービスのある、かような洗練された愉しみを大いに称揚している。

そうは言いながらも、一八五〇年の段階では、一人あたり、二年に一度しか入浴しなかった。ボナミ博士が肉体の浸透性に対する懸念は無用だと主張したのは世紀末のことである。彼は、浸身浴の効能を分析し、多用な浸身浴の可能性を探った数少ない医師の一人である。牛乳や糠や澱粉を加えた風呂は肌を柔らかくする。リューマチや座骨神経痛には葡萄の搾りかすを入れた風呂（あおいで風を送り、酔っ払わないようにする）という具合だ。だが、これ以外にも、電流を通す電気風呂、ラム酒入りの風呂、肺結核に効く血液入りの風呂、ドイツ人考案の炭酸入り風呂、オリーヴの搾りかす入り風呂、堆肥入り風呂、泥入り風呂などがあった。爾後、新しい種類の風呂に関心が集まり、突飛な思いつきが増えてゆく。

そうしたアンバランスな事態を憂慮したジュール・アルヌーは、一八七九年六月二十四日の議会報告で、労働者の住まいがいかに不健康であり、とくにフランス北部地方では、衛生器具がどれほど欠如しているかを縷々《るる》説明した。前年一八七八年一月二十二日の議会で、ウーゼ・ド・ロノワがルーアンで進行中の風呂と洗濯場の建設プランについて報告したことからヒントを得て、アルヌーは、共同浴場を計画している者には市町村が土地を払い下げるべきであると主張した。健康を促進し、肉体的バランスを図るために、衛生法の発展は不可欠であり、国家には、兵舎の不潔さに驚いた軍医たちが衛生管理に取り組んだ結果、健やかで逞しくなった兵士たちと同様に、頑健な肉体を持つ労働者をつくり出すことが肝要であると彼は考えていた。

マルセーユの第三十三戦列連隊では、兵士たちは地上百六十センチの高さに据えつけられたシャワーを使っていた。これは、デュヴァル医師の勧告で、クルティジ将軍の命により、一八四七年に、木製のバラック小屋に設置されたものである。それまで兵士は夏の期間だけ、川での水浴をしていただけだった。パリでは、オーステルリッツ橋とイエナ橋の二カ所に兵士専用の施設があった。この頃より、マルセーユの第三十三戦列連隊に配属された兵士は三分間シャワーを浴びることかできた。三人ずつで四時間、それで三百五十人の体を洗うことが可能だった〔二百四十人のはずだが、そのまま訳す〕。一八六七年に出た回想録で、リオラッシは、ダブースト・ダエルステード司令官が採用したシステムについて説明している。それはゴディョ商会が製造した盥で、兵士は座って水を浴びることができた。時間がかからず割安なので、浸身浴を実行している英国の学校で、根強い人気を誇るプールよりも好まれた。小隊のなかには、雨水をためて二週間に一度沐浴をするところもあった。温めた湯がタンクに注がれる。そこからポンプで汲み出された水が霧となって、亜鉛製の脚浴槽《ペディリューヴ》に入った兵士の上から降りかかるといった案配であった。こうした入浴が確かに皮膚病の減少に寄与していることに医師たちも気づくようになる。原則として、ヨーロッパの連隊では、週に二回入浴していた。

手本はドイツから伝わってきた。一八七八年五月、ドレスデンで開かれたドイツ公衆衛生協会の集まりで、ロッチュ博士は、一度に十二人の男たちを洗うシステムを発表する。天井にパイプを一つ、地面に一つ、あとは特殊な用途で用いる浴槽をいくつか配したものである。あまりに頻繁な浸身浴で懦弱《だじゃく》をはびこらせるのではなく、すべからく国家の活力を守らなければいけない。それがロッチュ博士の考えだった。アルヌー博士も記しているように、衣服は汗を吸い取り、皮膚の分泌物を吸収する。肌着を頻繁に替えれば、風呂はせいぜい週に一度か二度でいい。とはいえ、以前に比べれば格段の進歩であったことは間違いない。

労働者階級のための共同の洗濯場や共同浴場の設置は、社会的に衛生という観念が発達したことと密接な関係がある。英国の学校で教育を受けたナポレオン三世は、衛生学の分野では進歩的だった。時代の潮流は、社会衛生、人種の立て直し、病気の予防に向かっていた。貧困を克服しなければならない。ブルジョワジーという新しい階層が衛生と道徳に関する社会規範を作ってゆく。閉鎖的な病院、刑務所や兵舎、これらが契機となって、公衆衛生が飛躍的な発展を遂げてゆくことになったのだ。一八〇二年、警視総監デュボワが、パリ衛生委員会を設立する。しかし、それで腸チフスやコレラの流行がなくなったわけではなかった。最も疫病に弱いのは、最も不衛生な地域であることは医師たちにもわかっていた。借家人にも水をふんだんに供給することが病気から身を守る方法であった。

一八五〇年以降、衛生学は英国からの刺戟を受けて発達した。建築家のヘンリー・ロバーツはロンドンで、新しい衛生学の要請を満たす労働者用の住宅を考えていた。水道設備や桶や共同洗濯場のある建物をである。一八五〇年、農商務省の委員会が組織され、フランスに共同洗濯場と浴場を導入する検討を始めた。一八五一年二月三日、農商務省大臣デュマの提案で、市町村に無料あるいは低料金で利用できる共同の洗濯場と浴場を建設するための予算として、六十万フランを宛てることが認められた。とはいえ、この提案を生かした自治体はごくわずかで、ルーアン、モンペリエ、ランス、ロモランタンといった進歩主義的な町にすぎなかった。衛生学者たちは、一八五一年はベルギー、一八八〇年にはトリノ、一八八二年にはジュネーヴというふうに、会議があるたびに、社会衛生の基礎的規範をどうしたらよいかについて議論を闘わせたのである。社会住宅〔家賃に制限がある〕は、共同洗濯場と入浴施設を附帯させて造られるようになった。一八五一年、ジャン・ドルフュの旗振りで建設されたミュルーズの労働者用住宅には、個人用浴槽八つと四人用の浴槽が二つある浴室がしつらえられていた。四人用は一人十サンチーム、一人用は二十サンチームだった。話はそれだけにとどまらなかった。

英国の建築家ヘンリー・ロバーツの思想の信奉者だったルイ・ナポレオン・ボナパルトは、衛生に役に立つ民間の活力を生かそうと考えた。彼の命令に従って、一八五二年、共同洗濯場と入浴施設の建設計画をある委員会が打ち出す。ルーアンの場合は、グリル通りに設置され、隣接する工場から二台の蒸気機関で水を供給し、二つの部屋に分配された煉瓦組みの五つの浴槽をなみなみと満たした。浴槽と浴槽のあいだには仕切り壁が立てられていた。一八五一年、ロシュシュワール通りに完成した「シテ・ナポレオン」はひとつのモデルであった。各階に排水溝がつけられ、中庭には共同の給水栓があった。慈善精神旺盛なる社会は、さほど重要でないものに対しても働きかけようとする。一八九四年十一月三十日の法律は、近代的設備を備えた低家賃アパートの建築計画を支援するものだった。だが希望と現実のあいだにはどうしてもギャップは附きものである。シャルル・フーリエは、市町村が援助するという先駆的な考え方に支えられた理想の福祉計画を追求しようとした。そこでは湯も水も自由に使うことができた。

　フーリエの思想を引き継いだのがアンドレ・ゴダンである。一八五九年に建設工事が始まった彼の共住労働者住宅《ファミリステール》は、全階に給水場が附けられたほか、共同洗濯場、共同浴場、屋根附きプールなどを備えていた。第二帝政とともに口火を切った新しい衛生法の規範は、自然医学の発展を可能にした。鍛錬や、身体状態が精神の健康に及ぼす影響に関する論考、体感についての書物、それらがプライベートという感覚を発展させた。個人を考えるということは空間や衛生についても個人としての場合を考えるということに繋がったのだ。行水用盥《チュブ》のおかげもあって、シャワーは世紀末の社会に、浴槽の普及に先立って広まった。パリでは慈善協会が女性専用のホテルを開く。客は個人用トイレこそなかったものの、シャワーのある空間と、浴槽附きの浴室を使うことができた。シャワーは十サンチーム。二十サンチーム払うと風呂に入ることができた。才能ある建築家アンリ・ソヴァージュは、自分が手がけたあらゆる低家賃アパートに、シャワーと浴室スペースを確保しただけでなく、ときには日光浴のための庭まで設計した。学校の衛生も同時に進んでゆく。

カルノを教育大臣に迎えてから、一八六五年以降、衛生学の授業と体操の授業が行なわれるようになった。トイレも設置されたのである。カルノの次に大臣になったヴィクトル・デュリュイは子どもたちの身体教育と清潔を重視した。調査報告書によれば、まだまだ事態は改善されなければならなかった。何しろ浴室のないリセ〔日本の高等学校に相当〕がほとんどだったのだ。それが世紀末になると、ようやくではあるが、学校に灌水浴場《バン・ドゥーシュ》がふつうに設置されるようになって、雑誌にも学校や教員の衛生に関する記事があまた載ったりした。それでも、依然として、入浴は月に一度でよろしいという学校もあった。その代わり、水泳は毎週行なわれた。川での水浴は大衆的なスポーツとして、夏のあいだに限って流行した。パリの周辺では、華奢な柵が設けられ、暑さを避けて訪れる人たちを守った。人びとはそこで泳ぎ、体を洗い、水のなかを動き回り、会話を愉しんだりした。そうした「四スーの風呂」はやがて、一八三〇年以降に一般化した海水浴に繋がる。衛生学の発展は、日光浴、転地療養から始まって、旅行熱、温泉熱を掻き立てていったのだ。ディエップは、ナポレオン三世の母、オランダ王妃のオルタンス・ド・ボアルネが通ったことで、貴族的な温泉地になった。ディエップに入浴施設を造ったのは、温泉の副理事格だったブランカ伯爵である。一八二二年のことであった。第二帝政時代には、皇后ウージェニーのお蔭で、ビアリッツが飛躍的に成長した。

Ⅲ　大衆的な入浴と海水浴

リヨンの医師エドモン・シャピュイは、一八六一年にドイツのブラントが始めた方法を踏襲した。三時間ごとに十五分間患者を入浴させる。湯温は十八度から二十度で頭から冷やした水をかける。両腕と胸部をマッサージする。一方、海水浴の習慣は英国からやってきた。

すでに一七五〇年、シャルル・リュッセルは、塩水に身を浸けることの治療効果について強調したが、なかなか定着しなかった。生理中、生理前後といった特殊な場合には海水浴を禁じた医師もいた。エマニュエル・オベール博士は『海水浴の医学的心得』(一八五一年)で事故の可能性について触れている。海水浴の仕方にはいろいろ注意する点があって、応用はなかなか難しい。海水着には藺草《いぐさ》で編んだ骨が入っているので、ふだんコルセットで締めつけられている女性の体は、水中でも依然として圧迫を受けることになる。海水浴の前はよく休憩を取ること、節食することが大切である。座っても立っても歩いてもいいが、老人には勧められない。砂浴も同様に注意が必要である。海水浴と組み合わせたほうがよろしい。かくして海水浴はしだいに増え始める。そこには、別の愉しみも附随していた。たとえば、徒歩での散策や馬での散歩、馬車や車のドライブなどなど。

貴族たちのあいだでは海水浴に出かけることがブームになるが、一般に普及したのはずっとあとのことである。エリザベート・ドートリッシュは馬をさんざん乗り回したあと、水浴で疲れを癒した。一八七四年、彼女は英仏海峡のワイト島に赴く。娘のマリー・ヴァレリーの健康状態が海水浴を必要としていると判断したからだった。ヴァカンスを海辺ですごすということが生活のなかに入ってきたのは二十世紀の初めである。一九二六年十二月十一日附『イリュストラシオン』誌に載った「ダントール」の広告を見てみよう。「ダントール」は殺菌効果のある香料入りの練り歯磨きである。舞台は海岸。漫画タッチで、背景にはヨット。今日《こんにち》とは違うとしても、水着は軽やかで短い。砂の城もきちんと描かれている。一八四三年創刊の『イリュストラシオン』誌は、フランスのある種の社会の姿を写す鏡である。イラストレーターは海水浴に出かけた読者の記憶に訴えている。第一次大戦中は雑誌の調子も変わるが、戦後は再び、現代生活と社交界に材を採った紙面作りに戻った。その結果、ある特権的な階層の人びとの生活がイメージとして私たちに伝わるのだ。たとえば、風呂の湯を炭酸のように泡立つものにしようとして、発泡性の錠剤を入れたりするような生活の一コマが。

十九世紀中葉に造られた「シャンゼリゼ・スポーツセンター」は、水中で泳ぐという水泳の愉しみだけではなく、口の愉しみも用意していた。口の、というのは、そこにはプールだけではなく、レストランもあったからである。帝政ローマ式の豪華な造りで、個人用脱衣室、バルコニー、プールの上に架かる通路があり、宏大なガラス天井のもと、さまざまな布が各所を飾っていた。海水浴の流行はそうした施設を追いやった。パリの風呂も破綻に追い込まれてゆく。とかく批判の的になり、道徳的に疑わしい点があるせいか、諷刺家の攻撃の対象、ユーモア作家のからかいの種となった。一八七〇年には三十五軒あった冷水浴場は一八九四年には十七軒あまり。一九〇三年にはわずか十二軒しか残っていなかった。家庭の衛生法が普及したために、湯浴場は急速に人びとの関心を失ったのだ。

さりながら、進歩とはゆっくりしたもの。一八五五年に出た、やはり衛生規範をこまごま綴った小冊子のなかには、依然として冷水浴や湯浴についてのアドバイスが書かれている。一九一二年、公衆衛生局は清潔に関する基礎的な心得を配布する。専門的な女性係官が各家庭を訪問し、最も基本的な病気予防について説明をしてまわった。しかし、何らかの措置を必要としている家庭は増加する一方で、廃屋に近い家々も増え続けた。市当局は予算の関係から、各所に給水栓を設置するにとどめざるをえなかった。つまりは、衛生思想がどれほど高まっても、社会階層によって、考え方は混沌としていたりばらばらだったりしたのである。井戸はフランス人の日常生活の一部として、長いあいだ機能していた。地方では二十世紀初頭になっても、寝るのも食べるのも同じ部屋という場合が少なくなかった。一九四九年でも、水道設備のない建物が存続していたのである。公共の水汲み場が唯一の水を確保する手段であり、木桶を使った沐浴は畢竟短いものにならざるをえなかった。

十九世紀を通じて水は高価で稀少だったから、洗面その他は水を節約して使った。浴室はブルジョワ家庭や、低所得者用に建てられた集合住宅に附いていた。そうした低家賃住宅は労働者の衛生を飛躍的に発展させたが、個々の家庭に浴室がなく、その代わりとして共同浴槽が備えつけられている場合もしばしばだった。衛生学は女性にはなかなか浸透しなかった。第一次大戦時、女性がコルセットを脱ぎ捨てたことによって、女性の衛生法はぐんと進歩した。スポーツや余暇で、服を脱ぐ機会が増えたことも大きく関与している。一九二五年六月六日附『イリュストラシオン』誌には、ジャコブ・ドラフォン社の衛生器具の広告が載っている。トイレや台所の流し台もあるが、一番スペースをとっているのは、浴槽の写真である。大きくて深いその浴槽には、天蓋のごときシャワーカーテンが附いている。同誌の八月号には、バロン社の広告が載っている。それは、風呂から出なくても電話に出られる延長コードの広告だった。

一九三〇年以後、衛生学と食餌療法は著しく発達を遂げる。だが、裕福な家庭ですら、風呂は長いあいだ、週単位で入るものであり、栄養過多の食事は金持ちのシンボルだった。日曜日にミサにゆく前に全身を洗うとしても、週日は体の部分を洗うだけだった。他方、過剰に食べ過ぎるのは、人類が昔経験した窮乏状態を忘れるためでもあろうか。水を節約すると言いながら、食事のためには無駄とも言えるほどふんだんに使った。ただ、私たちの祖先の名誉のために言っておけば、ふつう室内にはほとんど火の気がなかったし、浴室が造られたのもしばしば北方の国においてであった。こうした空間的条件が風呂を快適なものにしてこなかったのである。また、ある種の洗練につながる痩身の美学というものも存在した。ほっそりした体型、運動の実践、それらが日常の衛生法と結びついたのだ。長いあいだよしとされたのは、行水用盥《チユブ》のように口の大きな盥で、十八度の水温で入る治療用の入浴である。それは「座浴」と呼ばれたが、十五分から二十分続けたあとに、激しい摩擦が必要だった。食餌療法とともに行なえば、たいていの病気の治療に有効とされた。一般的には、そしてまた農家では、人びとはほとんど体を洗わなかった。役所が心を砕いたのは、とりわけそうした状態を改善するという点であった。大衆新聞は衛生法に好意的な記事をあまた載せたが、一九四〇年になっても、いくつかの学校では手を洗う水栓がなかったりした。一九五〇年頃に大衆化したスポーツや旅行を愛する社会の刺戟がなければ、真の衛生習慣は進歩しなかったのである。

結論

衛生法の発達について概観してきたこの旅もそろそろ終わりである。まず最初に強調しておきたいのは、入浴の歴史は人びとの考え方の進展や技術の進歩と切り離せないということである。貴族たちは、体面を最優先し、唯々諾々と旧来のしきたりに従う。それゆえ、肉体についても受動的であった。それに対して、ブルジョワの生活は現実の変化に直結していたから、身体の活動的側面に敏感だった。

古代にあっては、入浴は運動と一体化していた。美に対する信仰があり、健康を保持するという目的があったからである。ただし、それには自由な時間が必要だった。中世初期には、入浴はしだいに稀になっていったが、生活レベルが向上するにつれて、厳しい日々の暮らしを逃れ、快楽を追求する手段として湯浴場《エチューヴ》が持てはやされるようになる。ルネサンスは、医師やユマニストが風俗の懦弱《だじゃく》化を攻撃し、贅沢と安楽の結果として人びとが家に引きこもりがちになることを批判した時代である。しかし、彼らは衛生習慣が衰頽することについては目をつぶった。イタリアから伝わった香水や化粧品の流行が、体の手入れそのものを追いやってしまった恰好になったのである。沐浴が再び地歩を取り戻したのは、身体鍛錬を通じてである。十八世紀後半になると、衛生学者の著述が注目を集め、「良き野蛮人の神話」(ルソーが『人間不平等起源論』で主張した説)が広まったことから、水浴は一気に弾みをつける。匂いの歴史がここで重要になる。それを通してでないと、水浴や入浴にまつわる両義性がよくわからないだろう。浸身浴が頻繁に行なわれ、日々清潔に注意するのは、男らしさを損なうという発想が生まれる。水は男性の性的能力を弱めるというのだ。肉体の匂いは性的魅力であるという考え方は長いあいだ支配的で、それが入浴が習慣になることを妨げていた。

十九世紀になると、不潔が官能を刺戟するという発想はしだいに消えてゆく。まずは都市化と、それに伴う住居スペースの減少と労働時間の短縮、加えて、子どもの教育や軍人教育に対する考慮、それらが相俟って予防衛生が推進されたのだ。閉鎖的な場所の存在が、新しい衛生規範の発展に力を貸す。集団をよりよく管理するためには、最も個人的な行為に口を挟めばよい。精神は、肉体を規則的に手入れすることでしゃきっとするはずだ。こうした新たな治療法が兵舎や学校や病院といった閉鎖的な環境に入り込む。以後、水をどう使うかは問題ではなくなった。肝要なのは、水の温度や性質を生かした効能である。温泉の効能が再び脚光を浴び、一部の温泉地は大いに発展した。

ギー・ド・モーパッサンは、ロエッシュ・レ・バン〔スイスの温泉保養地〕での温泉治療〔一八七七年〕

からヒントを得て「水辺で《オ・ゾー》」という中篇小説を書く。彼は梅毒治療のためにスイスまで出かけたのである。十九世紀、ロエッシュ・レ・バンは、景観の地ジェンミ峠（ドイツ語ではゲンミパス）を越える旅行者が必ず立ち寄る場所であった。古代から、当地の住民は、室内室外両方のプールなど贅をこらした温泉にするべく努力を重ねた。硝酸カルシウム温泉である。モーパッサンがすでに書いていることだが、地下道があって、それを通れば直接ホテルから温泉までたどり着ける。温泉では、湯治客が長いローブをまとい、湯に浮かべたテーブルの上でトランプをしたり、もっと騒がしい「ヒュレ」と言われるゲームをしたりした。輪をロープに通して、どんどん横の人に渡してゆき、ストップがかかったときに、鬼が今誰が輪を握っているかを当てるゲームである。

　スポーツが発展し、女たちがコルセットを脱ぎ捨て、大規模な導水工事が行なわれたことで、ついに衛生法はくびきから放たれ、一気に大衆化した。一八一六年には五百だったパリ全体の浴槽が、一八三〇年には倍増。入浴施設も増え、一九〇〇年には湯浴ができる施設がパリ全体で五百軒あった。十九世紀末には、もっと経済的で大衆的な灌水浴場《バン・ドゥーシュ》が生まれた。一九五九年にはそれが百六十軒あった。それまでは身体鍛錬に敏感だった教師たちが、今度は学校の衛生に注目するようになる。以来、穏やかな進歩が始まった。入浴は、身体を管理し、精神を鍛える手段としてしだいに認知されてゆく。衛生と清潔の観念に結びついた入浴は、特権的な個人の場所、個別の水治療の場となったのである。

現代において、遠い古代の伝統を生かしているのは日本である。入浴施設は通常午後三時から夜の十一時まで開いている。朝湯に入れるところは珍重されていて、労働の一日が始まる前に、隣人に気を遣うことなく、ゆっくりと寛ぎたいという人びとで一杯になる。清潔で、マッサージも可能だ。日曜日には家族風呂に入りに行くという家族も多い。大昔から、日本の文明では、入浴は身を清めることと同義だった。浮世絵の版画には、木の湯桶からもくもくと湯気が上がるさまが描かれたものがある。気候の厳しい国〔そのまま訳す〕では、浸身浴は体を温める恰好の手段だった。

フランスでは「石鹼を手に取る」と言えば、厳しい罰を意味する。最近の調査では、シャワーにしろ風呂にしろ、ともかく毎日体を洗うというフランス人は四十パーセントである。医学のめざましい進歩の蔭で、薬の欠陥を補う必要もなくなった衛生法は、フランスでは後退してしまったのだろうか。新たな問題がまだ残されていると言わねばなるまい。

訳者あとがき

本書は、Dominique Laty, *Histoire des bains*（Coll.« Que sais-je? » n°3074, P.U.F., Paris, 1996）の全訳である。

「bain」は、たとえば『ディコ仏和辞典』（白水社）によれば、

①入浴、風呂。

②風呂の水、浴槽。

③水浴、水浴び。

④（複数形で）（サウナなどの）公衆浴場。（古）温泉。

などの訳語が当てられている単語であり、本書では日本語の「風呂」や「入浴」とは必ずしも一致しない、川や海での水浴についても触れられていることから、タイトルの訳には苦慮したが、編集部との相談の結果、総括的に大きくはずれているわけではなく親しみやすい『お風呂の歴史』に落ち着いた。

内容はご覧の通り、古代から十九世紀末に至る風呂や水浴の歴史である。

著者のドミニック・ラティは公立私立の学校で体育の教員を務めたあと、文筆に転じた。現在では健康食の第一人者的存在になっているようである。ドミニクではなくドミニックとしたのは、文庫クセジュの通例に倣ったからである。

本書以外の単著として以下の三冊（日本語訳は内容を汲んだ仮のものに過ぎない）。

『日々の体育』（*La gym au quotidien*, Paris, Marabout, 1991）

『古代から現代にいたる西洋体育史』（*Histoire de la gymnastique en Europe de l'Antiquité à nos jours*, Paris, P.U.F., 1996）

『健康料理の歴史』（*Les régimes alimentaires*, Paris, P.U.F., Coll.« Que sais-je? », 1996）

共著として以下の五冊を公にしている。料理の腕前はプロ級らしい。

『身体健康大全』（*Le grand livre de la forme*, avec le Docteur Jacques Fricker, Paris, Odile Jacob, 1997）

『クレタ島式健康料理　その効用と愉しみ』（*Régime crétois bienfaits et délices*, avec le Docteur Jacques Fricker, Paris, Hachette, 2000）

『美しくなるための料理法』（*Le régime de la beauté*, avec G. Karsenti, Paris, Hachette, 2001）

『パスタを使った健康料理』（*Le régime des pâtes*, avec le Docteur Jean-Bernard Mallet, Paris, Odile Jacob, 2004）

『クレタ島式健康料理』（改訂新版）（*Le Régime crétois* , avec le Docteur Jacques Fricker, Paris, Hachette, 2005）

とくにクレタ島式健康料理の本は「地中海の」と形容詞は変わったものの、英訳されて評判となっている。

ラティの著作の根柢にあるのは、歴史的認識を忘れずに、しかし、現在の生活をよりよく愉しもうという思想であり、そのあたりのポジティヴな姿勢が読者の共感を呼んでいるのだろうと思う。

そういう彼女の関心が風呂や入浴に向けられて書かれたのが本書である。

そもそも生活の細かな事柄について、その歴史に関心が向けられてきたのはそう昔ではない。もちろんアナール派の影響を受けた歴史家たちが、民俗学的な側面にまで眼を向けるようになったからであるが、たとえば稗史に近い人々の生活史や風俗史を書き続けたロミのような著作家の存在も忘れてはなるまい。まさしく『お風呂の歴史』は訳者にとって、ロミやジャン・フェクサスの翻訳の延長線上に位置する一冊であった。

一口に風呂と言っても、古今東西、さまざまな事情がある。およそ日常生活に関することは世界のどこでも、いつの時代でも変わらないと私たちは考えがちである。たとえばトイレがいい例だが、水洗トイレに慣れた身からすると、おまるが日常的であった時代や、人一人隠せるような長いマントを羽織り、桶を隠し持って路傍に立ち、道行く人々の不意の要求に応えた「御厠屋」がいた時代などにわかには信じられないというのが正直なところだろう。あるいは、室町時代には九歳の女子に限られていたお歯黒が江戸時代には既婚女性全般に拡がっていたとか、ユダヤ教徒は生後八日目の男児に割礼を施すといったことは知識として知っていても、生活感覚として身近に感じることはむつかしいのではなかろうか。風呂や入浴に関する事柄もそれと似ていて、私たちはついついどこの世界でも、またいつの時代でも今と変わらぬと考えてしまうけれど、振り返ってみれば、日本でも一九六〇年代までは、自宅に風呂のあるのはごく一部の裕福な家庭に限られていたし、訳者自身のことにして、大学院に進んだあとも風呂なしの下宿に住んでいて、しかもそれがさほど珍しいことではなかったという記憶がある（七十年代の青春映画の恋人たちは銭湯通いをしていたはずである）。風呂が学生用のアパートにも備えられるようになったのは、せいぜいここ四半世紀のあいだにすぎない（統計によれば、一九七〇年には二万軒以上あった公衆浴場は一九九四年には約九千二百軒、二〇〇四年には約六千二百軒と激減している。それは各家庭に風呂が普及した時期とみごとに重なっているだろう）。

＊

本書を訳す前に、私は勤務先の紀要に「フランスにおける入浴の歴史」と題する小論を発表した（「明治大学人文科学研究所紀要第五十四冊」所収）。以下、そこで触れた事柄も交えながら、「入浴」について、本文に書かれていないことを少しばかり述べてみる。

一六九〇年に出たフュルチエールの『綜合辞典』の「bain」の項目を見ると、「東洋人とイスラム教徒の国では、入浴はしごく当たり前のことになっている」という言葉が見られる。すでに十七世紀には、東西における入浴習慣の違いが認識されていたということである。入浴する場面がしばしば描かれる『千夜一夜物語』のガランによる仏訳は十八世紀であるが、たとえば、マルコ・ポーロ（一二五四〜一三二四年）の『東方見聞録』（愛宕松男訳、平凡社ライブラリー）には以下のような記述がある。第六章「大マーバール地方」の一節。

もうひとつの習慣は、男女を問わず毎日朝夕の二回ずつ水浴し、これを済まさなければ飲食しないのである。日に二回の水浴をしない者は、我々が異教徒を見るのとまさに同じように見なされる。

こんな記述を読むと、時代はずっと下るが、フランスの作家ピエール・ロティの日本印象記『秋の日本』（村上菊一郎／吉氷清訳、角川文庫）のこんなくだりを思い出さずにはいられない。

道のとある曲り角で、旅の単調さと俥の震動とのために、少しうとうとしていたわたしたちは、突然、ある大きな憤懣を覚える（むろんそれは、理解する余裕が生じるまでの、びっくりした最初の瞬間だけ）。ある一軒家の前で、じいさんとばあさんが、てっきり食べるためだろう、小さな二人の女の子を煮ているのだ！……水の一杯入った大きな木桶が、かっかと燃えている粗朶火にかけられ、三脚にのせられて彼らのそばにある。その中にいるのは、七つか八つのあの小さな二人の女の子で、頭はまだ水面に出ており、仄かな煙越しにわたしたちの眼に入る！……

なァんだ、彼女たちは入浴しているまでだ、……風邪を引かないように、それを下から適当に温めているのである。

当時のフランスでは、入浴の習慣はさほど一般的ではなかった。ロティの驚きがまざまざと伝わってくるようである。いや、今でもそういうフランスの家庭は少なくないのではないかという気さえする。二十世紀の最後の頃、私は文部省在外研究員としてリヨンにいた。そこで親しくなったフランス人の自宅に何度も招かれたことがある。それは、閨秀詩人ルイーズ・ラベが住んでいた十六世紀以来の建物で、もちろん、最初から水道設備があったわけではないが、その後の改修で上下水道完備となった。食堂からトイレに続く廊下の右側に浴槽がむきだしで置かれていた。しかし、いつ行っても、そこには洗濯物が所狭しと干してあり、頻繁に風呂として使っているようには思われなかった。もうひとつ、フランスに暮らしたことのある日本人なら誰でも経験することを記しておこう。当時私はリヨン大学から歩いて五分という留学生用の比較的新しいアパルトマンに住んでいた。家族で住んでいる人々もいたが、原則として学生用だから浴槽はなく、シャワーとトイレと洗面台が四畳半くらいの広さの一部屋にあった。最初の晩、長旅の疲れを癒すべく、私はシャワーを浴びた。それが途中から突然水に変わった。ぶるぶる震えながら大急ぎで体を拭いて服をまとい、管理人に文句を言いにいった。

「一日五十リットルの湯しか出ませんよ。一度に使ったあなたが悪いんです。大事に使わなくっちゃ」

管理人は何をいまさらという調子でこう言った。翌日私は西瓜なら二つは優に入りそうな大きな盥を買ってきた。湯を流したままにせず、一々溜めて使う「耐乏生活」のためである。それが続くと、もともと乾燥した風土のせいだろうか、さほど気にならなくなったのは幸いであった。

快適な風呂の温度も違う。これは本文にも書いてあるからここでは繰り返さないが、概してフランス人はぬるい湯（それも日本人なら怒り出すかもしれないくらいの温度の）を好み、日本人はフランス人からすると不思議なほど「熱い」湯を好むようである。

もうひとつ日常的な例を出しておくなら「温泉」がいいかもしれない。むろん我が国の温泉でも効能が書かれているし、ある時期、たしかに温泉療養、湯治というものが行われていたことは事実である。だが、テレビや雑誌で「温泉特集」が頻繁になされていることが端的に示しているように、我が国では「温泉」はいまや娯楽の一形態である。その点で言えば、一般の概念として昔と今とでさほど大きく異なっているとは思われない。しかし、それに対して、フランスをはじめ、ヨーロッパの温泉場はいまなお、療養の場所である。ニキータ・ミハルコフの映画『黒い瞳』（一九八七年）にも温泉場のシーンが出てくるが、それとも違う温泉を私はフランスのヴィシーで体験した。一九八八年から一九九四年にかけて春夏ばかり延べ一年あまり滞在していたときのことである。

ヴィシーはペタン政権があった場所として知られているが、じつは十七世紀の閨秀作家セヴィニェ夫人も通った歴史ある温泉町である。ヨーロッパでは温泉水はまずもって飲用するものである。湯治客は専門医師による正式な処方箋に従って、一日に定められた量の温泉水を、定まった時刻に飲む。そのために彼らが常時携行するのは、目盛の附いたコップとそれを入れる籐やビニールで編まれた小さな籠である。ヴィシーの町には無料で自由に汲める温泉の蛇口と、有料の蛇口がある。有料のほうは、建物の中の仕切られた場所にあり、一回いくらではなく、一日いくら、しかも大抵は数日分前払いで、料金を支払う。それはかなり癖の強い、従って相当な効果が期待できる温泉水であり、私たち日本人が一度に飲用するとほとんど例外なく下痢をするほどの水である。

ヴィシーにはそれ以外に、湯治客が一定期間滞在しながら、温泉水を用いた療法を受けることのできる宿泊療養施設があった。基本は二週間コースで、食餌療法も含まれ、篤い手当を受けられるため、料金も当時で二十五万円程度と、かなり裕福な人々を対象にしたものであった（したがって、町の中心にあっ

たカジノには正装したいかにも金持ち風の人々が集まっていた)。飲用療法が中心をなすのは当然だが、それ以外に、

1　水着着用でぬるま湯程度の温泉水に腰まで浸かりながら、指導員に従って体操をする療法(個別なら一回あたり一九八八年の換算で約三千円)、

2　全裸で台の上に俯せで横になり、上からこれまたぬるま湯程度の温泉水をシャワーしてもらいながら、同時にマッサージを受ける療法(同五千円)、

3　全裸で細長い部屋の尖端部分に、壁に顔を向け、両手で取っ手を握った状態で立つ。手前数メートルから看護士が、消防用のホースに似たホースで、勢いよく温泉水を患者にかける療法(同約二千八百円)、

4　ジェットバスと水中シャワーを用いたマッサージ(同約四千五百円)、

5　種々の器具を用いて筋肉のこりをほぐしながら水浴させる療法(器具により約千五百円から四千円)

などがあった(私の手もとにある料金表には三十八種書かれている)。「温泉」療法は、かように金のかかる贅沢なものであり、日本の温泉とはおよそかけ離れたものであることがご理解頂けただろうか。

＊

風呂に必要なのは、まず水(湯)である。それは当然のように思われるが、さて、その水をどうやっ

て供給するか。それは都市の水事情にかかわっているし、水事情は政治経済や時代と無関係ではない。クセルゴンの名著『自由・平等・清潔』（鹿島茂訳、河出書房新社）によれば、「パリでは、自宅に水道を引くという特権に浴していたのは、かぎられた個人の邸宅だけだった」。ヴァンサン・ミヨ『パリの売り声』には二つの桶を棒でぶら下げ、水を売り歩く「水売り」の絵が載っているし、ルイ＝セバスティアン・メルシエ『タブロー・ド・パリ』にはその様子が詳しく描かれてもいる。それに、水は人間だけが必要としているわけではない。当時不可欠だった乗り物としての馬も水なしでは生きられないからである。ダニエル・ロッシュ『ありきたりなものの歴史』には、「パリにいる四万頭から五万頭の馬のためだけに、毎日八十万リットル、ときには百万リットル以上の水が必要であった」と書かれている。

十七世紀と十八世紀のパリの家庭三千の生活を丹念に調べたアンヌ・パルダイエ＝ガラブラン『私生活の誕生』によれば、一六四八年、ある高等法院の弁護士の家庭には「銀製の、手洗い用の盥一つ」しかなかったし、ほぼ同時期のパリのあるブルジョワ家庭にも「手洗い用の小さな水瓶」しかなかった。バスタブなどは夢のまた夢。英国から輸入されたバスタブは二十世紀に入るまで、スノビスムの象徴だったのである。一七九三年、ジロンド支持者のシャルロット・コルデに入浴中に殺された山岳派のマラが、ダヴィッドの絵で浴槽に身を横たえた姿で描かれているのは、いわば例外中の例外だったと言っていい。本書でも触れられているように、一七三九年、ボナック侯爵夫人が英国から輸入した銅製の浴槽を自慢していたという記録が残されているものの、それが置かれていたのは、庭の温室のなかであった。

いささか饒舌に過ぎたかもしれないあとがきを終えるまえに、もう一つだけ書いておきたい。プルースト『失われた時を求めて』第五篇「囚われの女」冒頭附近に、アルベルティーヌとの同棲生活を送る主人公が自らも風呂に入りながら、壁ごしに恋人の入浴する音を聞くという場面がある。その場面の持つ淫靡とすら言えるエロティシズムは、当時の入浴習慣や風呂の設備等をきちんと把握しないとわからないかもしれない（拙論「プルーストのエロティシズム（1）」明治大学教養論集三百四十一号参照）。風呂の歴史など一見莫迦莫迦しいように思われるかもしれないが、それを知ることは単に生活の違い、文化の相違を際だたせるのみならず、ときには文学作品や藝術作品の理解にも深くかかわってくることさえあるということを忘れてはならない。そうした視点はやがて羞恥と文化、化粧と生活、においの歴史、建築史と浴場、衛生思想と宗教、禁忌と文明、疫病と医療史等、多岐にわたる問題と密接に繋がってゆくだろう。本書がその一つの足がかりになれば、訳者として何も申し上げることはない。

＊

末尾ながら、翻訳のご指名を頂いてから五年あまり、浅学菲才のせいで、ずいぶんお待たせしてしまったことをお詫びするとともに、終始暖かく見守って遅筆の訳者を励ましてくださった白水社編集部の方々、とりわけ小山英俊さん（現・営業部）、芝山博さん、及川直志さん、文庫クセジュ担当の和久田頼男さんと中川すみさんに心より感謝を申し上げたい。

二〇〇六年一月

高遠弘美

参考文献

G. Andrieu, *L'homme et la force*, Joinville-le-Pont, 1988.

J. Arnould, *Installation de bains à peu de frais pour les ouvriers*, Lille, 1879.

J.-C. Bologne, *Histoire de la pudeur*, Paris, O. Orban, 1986.

I. Bourdon, *Notions d'hygiène publique*, Paris, 1844.

Buchez et Trélat, *Précis élémentaire d'hygiène*, Paris, 1825.

A.-M. Bureau-Riofrey, *Education physique des jeunes filles*, Paris, 1835.

Bussemaker et Daremberg, *Collection des médecins grecs et latins*, t.2 et 5, Paris, 1854 et 1873.

J. du Chesne, *Le pourtrait de santé*, Paris, 1606.

G. Cheyne, *Essai sur la santé et sur les moyens de prolonger la vie*, Paris, 1725.

A. Corbin, *Le miasme et la jonquille*, Paris, Flammarion, 1986.

J. Csergo, *Liberté, égalité, propreté*, Paris, Albin Michel, 1988.

S. Darier, *La balnéation au Moyen Age*, thèse de médecine, Paris, 1938.

L. Fleury, *Traité pratique et raisonné d'hydrothérapie,* Paris, 1852.

J. Garnier, *Les étuves dijonnaises*, Dijon, 1867.

R. Ginouvrès, *Balaneutikè*, Paris, De Boccard, 1962.

Hippocrate, *Œuvres*, trad. E. Littré, t.V et VI, Paris, 1846 et 1849.

C. Hufeland, *La macrobiotique*, trad. Jourdan, Paris, 1838.

N. Houel, *Traité de la Peste*, Paris, 1573.

Jacquin, *De la santé, ouvrage utile à tout le monde*, Paris, 1762.

R. de Lespinasse, *Métiers et Corporations*, Paris, 1847.

J. de Limbourg, *Dissertations sur les bains d'eau simple*, Liège, 1766.

Dr Limon, *Les mesures contre la peste à Besançon au XVI siècle*, Paris, 1906.

J.-J. Manget, *Traité de la peste*, Genève, 1721.

J. Marquardt, *La vie privée des Romains*, t.I, Paris, 1892.

Meaux Saint-Marc, *L'école de Salerne*, Paris, 1861.

Montaigne, *Œuvres complètes*, Paris, Gallimard, Bibliothèque de la Pléiade, 1962.

H. de Monteux, *Conservation de santé*, Paris, 1572.

U. E. Paoli, *La vie quotidienne dans la Rome antique*, Paris, 1955.

A. Pardailhé-Galabrun, *La naissance de l'intime*, Paris, P.U.F., 1988.

A. Paré, *Œuvres Complètes*, trad. Malgaigne, 2 vol., Paris, 1841.

P. Perrot., *Le corps féminin*, Paris, Le Seuil, 1984.

F.-G. Poggio, *Les bains de Bade au XVe siècle*, trad. A. Meray, Paris, 1868.

J.-J. Poitevin, *Lettre aux doyens, docteurs et régents de la faculté de médecine de Paris*, Paris, 1766.

P. Pomme, *Essai sur les affections vaporeuses des deux sexes*, Paris, 1760.

L. de Préville, *Méthode aisée pour conserver la santé*, Paris, 1752.
L.-E. Rodocanachi, *La femme italienne*, Paris, 1907.
Rufus d'Ephèse, *Œuvres*, trad. C. Daremberg, Paris, 1879.
Soranos d'Ephèse, *Les maladies des femmes*, trad. Burguière et Gourévitch, liv. I, Paris, Les Belles Lettres, 1988.
H. Tronchin, *Théodore Tronchin, médecin des lumières*, Paris, 1906.
G. Vigarello, *Le propre et le sale*, Paris, Le Seuil, 1985.
F. Yegül, *Baths and bathing in classical antiquity*, U.S.A., 1992.

本書は，2007年刊行の『お風呂の歴史』第2刷をもとに，オンデマンド印刷・製本で製作されています．

訳者略歴
高遠弘美（たかとお・ひろみ）
1952年生まれ。早稲田大学大学院文学研究科博士課程修了。フランス文学者。明治大学名誉教授。
著書に『プルースト研究』『乳いろの花の庭から』『物語 パリの歴史』『七世竹本住大夫　限りなき藝の道』。訳書にプルースト『消え去ったアルベルチーヌ』『失われた時を求めて』、ピション『プルーストへの扉』、ロミ『完全版　突飛なるものの歴史』『悪食大全』『乳房の神話学』、レアージュ『完訳　Oの物語』、ノゲーズ『人生を完全にダメにするための11のレッスン』、カリエール他編『珍説愚説辞典』など多数。編著に『矢野峰人選集』『七世竹本住大夫　私が歩んだ90年』『欧米の隅々　市河晴子紀行文集』。共著多数。

文庫クセジュ　Q 897
お風呂の歴史

2006年2月28日　第1刷発行
2023年5月25日　第3刷発行
著　者　ドミニック・ラティ
訳　者 © 高遠弘美
発行者　岩堀雅己
印刷・製本　大日本印刷株式会社
発行所　株式会社白水社
東京都千代田区神田小川町3の24
電話　営業部　03（3291）7811 / 編集部　03（3291）7821
振替　00190-5-33228
郵便番号　101-0052
www.hakusuisha.co.jp

乱丁・落丁本は、送料小社負担にてお取り替えいたします。
ISBN978-4-560-50897-8
Printed in Japan